베이커리 新경영론

머리말

　국민 소득의 증가와 더불어 식생활 패턴이 서구화되면서 빵과 과자는 자연스럽게 우리 생활에 밀접하게 자리매김하게 되었다. 이러한 시대적 변화에 따라 제과제빵 산업도 급성장하였으며, 대기업은 물론 소규모 형태의 베이커리들도 다양한 형태로의 시장진출이 빠르게 진행되었다. 하지만 대기업의 진출에 밀려 소규모형태의 베이커리는 점점 자리를 잃게 되었고, 베이커리시장의 양극화 현상도 점점 심하게 나타났다. 이처럼 치열한 경쟁체제에서 베이커리업계도 이제는 기술만 가지고 경쟁하기에는 한계에 다다르게 되었다. 즉, 생산운영과 더불어 마케팅, 원가관리, 식재료관리, 서비스관리 등 경영능력을 갖추지 않으면 치열한 경쟁 구도에서 살아남기 어려운 구조로 바뀌었다.

　요즘 베이커리시장은 전통적인 빵·과자 위주의 판매에서 커피와 음료를 접목한 카페형태로의 변화가 뚜렷이 나타나고 있으며 식빵 전문점이나 디저트, 마카롱처럼 단일품목으로 창업하는 형태가 늘어나는 등 점점 세분화 되어가고 있어 젊은 세대들의 창업이 늘어나고 있는 추세이다. 이러한 측면에서 저자는 베이커리 경영에 대한 많은 서적을 찾아보았지만 베이커리와 경영을 적절히 조합하여 학생들이 배우기 쉽고 이해하기 쉬운 교재를 찾기가 어려웠다. 이에 본인은 그간의 실무경험과 대학에서 강의경험을 근거로 경영과 베이커리를 적절하게 혼용하여 베이커리 신경영론이란 교재를 만들게 되었다. 특히 2016년 국가직무능력표준NCS(National Competency Standard) 베이커리경영 학습모듈을 개발하면서 집필하였던 내용을 근간으로 보완하였다. 본 교재는 총 5부로 구성하여 1부에서는 경영학의 이해, 2부에서는 베이커리 산업, 3부에서는 베이커리 생산운영관리에 대하여 정리하였으며, 4부에서는 베이커리 위생안전관리, 5부에서는 베이커리 마케팅관리 등 제과제빵에 필요한 경영관리능력을 정리하여 수록하였다.

저자 씀

CONTENTS
목차

경영학의 이해

제1장 경영학의 개요

제1절

경영학의 개요

1 경영학의 발전과정

경영학의 발전은 독일과 미국에서 비롯한다. 독일 경영학은 상업학을 모체(母體)로 하여, 이를 과학화하는 형태로 성립되었다. 그 성격은 기업 경영학인 점에서는 상업학과 일치하나, 과학화의 과정에서 방법론 논쟁이 격렬히 벌어졌고, 그 명칭도 사경제학(私經濟學)·개별경제학·경영경제학 등 여러 가지가 주장되었으나, 결국 경영경제학이 주류(主流)를 이루게 되었다.

경영경제학은 기업의 실체를 경영으로 파악하고, 경영의 경제현상을 이론적으로 밝히는 일을 목표로 삼는데, 경영의 경제현상을 객관적으로 설명하면서 거기에 내재(內在)하는 법칙성을 탐구하는 경험학파(經驗學派)와 경영의 당위성(當爲性 : 내용은 공동체이론)을 주장하는 규범학파(規範學派)의 2가지로 나누어진다. 경험학파는 다시 단순한 설명과학으로서의 이론학파와 인과법칙(因果法則)을 목적·수단 관계로 변환(變換)하여 정책론을 내세우는 기술론파(技術論派)로 나눈다. 근년에는 미국 경영학의 영향을 크게 받아 학문론(방법론)보다는 문제해결에 중점이 옮겨져, 내용의 충실에 힘쓰는 경향이 많아졌다. 미국 경영학은 처음부터 실천적인 색채가 농후하였으며, 20세기 초의 과학적 관리법을 원류(源流)로 하여, 경영자를 위한 경영관리학으로서 발달한 것이 오랫동안 주류를 차지해 왔다. 그것은 경영관리의 기능을, 예를 들면 계획 · 조직 · 통제와 같이 분석하고, 각 기능을 유효하게 실천하기 위한 원리 · 원칙이나 기법을 연구하는 것이다. 그 성격이 일반경영학이므로 흔히 보편학파(普遍學派)라고 하며, 또 오늘날에는 현대적 관리론과 대비하여 전통적 관리론 · 고전적 관리론 등이라고 한다.

1950년대 이후 미국 경영학에는 전통적 관리론의 경험 규범적(經驗規範的)인 성격을 비판하고 시스템론(論)이나 행동과학의 성과를 응용하면서 가설(假說)을 세워, 이를 검증(檢證)하고 법칙화 하는 방법론에 의하여 기술과학(記述科學)으로서의 경영관리론을 구축(構築)하는 방법이 등장하였다. 이를 현대적 관리론이라 하는데, 그것은 또 취급하는 주제에 따라 조직론적 경영학 · 의사 결정론적 경영학이라고도 한다. 이상은 모두 일반경영학에 속하는 것이지만, 미국 경영학 중에는 기업경영학에 속하는 학파도 있다. 제도파(制度派) 경제학의 흐름을 참작하면서, '자본과 경영의 분리'에 대한 연구를 축(軸)으로 하여 기업의 특질을 이론적으로 분석하는 제도파 경영학, 근대 경제학의 수법을 경영에 적용하는 매니지리얼 이코노믹스(비즈니스 이코노믹스), 수학적 경영관리 기법의 개발을 중심으로 한 매니지먼트 사이언스(경영과학 · 관리과학) 등이 그것이다. 미국 경영학의 전모(全貌)는 '매니지먼트 정글'이라는 표현이 있을 정도로 다양하다.

2 미국 경영학의 생성배경

1850년 산업혁명으로 경제 발전 계기가 마련되고 남북 전쟁 이후 급속한 공업화로 대규모 공장들이 출현하게 되었으며 체계적인 경영관리의 필요성이 대두되기 시작하였다.

1) 생산관리시대
20세기에 들어오면서 공장의 능률을 향상 시키기 위한 다양한 연구가 활발히 일어났다. 테일러의 과학적 관리론, 페이욜의 관리론, 베버의 관료제 이론 등은 관료제 모형을 통하여 조직의 합리적, 능률적 운영을 추구하였다. 그 중 테일러의 과학적 관리론은 노동능률을 좌우하는 작업량, 작업동작, 작업방법 등을 과학적으로 분석하여 생산성 향상 및 작업관리 체계를 확립한 것이다.

과학적 관리법은 경영관리에 커다란 변혁을 가져왔으며 이를 기점으로 대량생산 체계가 이룩된다.

2) 조직론

테일러 시스템에서 포드 시스템에 이르는 과학적 관리체계는 일선 노무자의 작업능률을 향상 시키는 데 중점을 두었다. 그 결과 생산성은 향상되었지만 인간을 기계화. 노예화 시킨다는 부작용을 가져왔다.

1918년 제1차 세계대전이 끝난 후부터 노동자들이 인권을 찾기 위해 민주화와 노동조합 운동을 벌이게 되자 과학적 관리 방식은 한계에 부딪히게 되었다. 이때 새로운 인간관계의 측면에 초점을 두어 '인간은 경제적인 조건뿐만 아니라 심리적 상태나 사회적 여건에 의해 영향을 받는 다면적인 존재'라는 것을 실험을 통해 알게 되었고 인간 관계론의 중요성을 강조하는 학자들이 등장했다. 이들은 호손실험으로 유명한 메이요와 레슬리스버거 등으로, 후에 인간관계론 학파를 이루게 된다.

인간 관계론이 지나치게 심리적이며 감정적인 방향으로 전개되자 이러한 한계를 보완하려는 노력의 일환으로 버나드, 사이몬 등에 의해 조직이론이 탄생하였다. 그들은 조직을 구성하는 인간에 대한 새로운 견해를 피력한 조직이론을 개발하였다.

2) 마케팅관리시대(제 2차 세계대전 이후~1950년대)

미국은 제2차 세계대전 이후 급속한 경제성장을 이루었다. 그러나 전시 특수수요가 끝나자 생산시설의 유휴화라는 새로운 문제를 안게 되었다. 기업 경영자들은 생산시설을 가동시키기 위해 미국 소비자들의 잠재 구매력을 실제 구매로 이어지게 하는데 관심을 가지게 되었다.

소비를 활성화시키기 위한 경영자들의 노력에 의해 미국은 50년대 말까지 고도

성장을 이룰 수 있었다. 이전까지 기업의 중요한 경영관리로 생산을 우선시했다면 이제 생산과 단순한 판매 활동을 넘어서 소비자가 원하는 상품이 무엇인가를 파악하고, 이러한 요구에 부응하는 상품을 개발, 적극적으로 구매를 창조해 나가는 마케팅 활동이 경영의 새로운 학문으로 등장하게 되었다.

4) 전략경영의 시대(석유파동 이후~)

전후 순탄한 성장을 지속하던 미국 경제는 1959년부터 불황 국면으로 접어들었다. 이러한 불황기를 맞아 기업들은 미래의 시장경기 예측에 많은 관심을 쏟았다. 또 미래 환경의 측정과 경영계획 수립을 담당하는 기획실 제도를 많은 기업들이 도입하였다.

1973년의 제1차 유류 파동위기는 미국을 비롯한 전 세계에 커다란 충격을 주었다. 이 시기 이후의 경기침체는 유가 상승과 석유 공급 중단이라는 외적인 변수로 인해 발생한 것이란 점에서 기업의 본질적이고 전략적인 문제와 직결되어 있었다.

경영이론이 체계화된 것은 19세기 말 무렵이지만 그 이전에도 경영학적 사고는 존재했다고 볼 수 있다. 고대의 지도자들이나 교회도 오랫동안 경영활동을 해왔다. 그러나 산업혁명과 함께 대규모 사업장을 관리할 필요에 직면하면서부터 과거와는 다른 새로운 방법을 모색해야 했고, 이것이 경영이론을 발전시키는 계기가 되었다.

3 경영학의 개요

경영학(Business Administration or Management)이란 기업의 목적을 달성하기 위하여 경영활동을 어떻게 수행하고 관리해야 하는지를 합리적이고 체계적으로 정리한 지식체계로서 주로 기업을 연구대상으로 삼는다. 즉, 경영학은 사회과학(Social Science)의 일부로서, 학문적 연구대상은 주로 기업(Business Enterprise)이라는 조직체이며, 광의적으로는 공동의 목적을 달성하기 위하여 구성된 모든 영리 · 비영리 조직이 경영학의 연구대상이 된다.

경영학에 대한 이해를 돕기 위해 반병길 교수의 경영학에 대한 생각을 살펴보기로 하자. 그가 처음 쓴 저서에서 "경영학은 민주주의 정치제도와 자본주의 자유기업제도를 바탕으로 미국에서 1900년경부터 생겨난 20세기의 가장 전문적이고 실용적인 학문(Professional and Pragmatic, Academic Discipline)이다."라고 말하였다.

아마도 경영학에 대한 이러한 견해는 미국 경영학의 특징을 가장 잘 소개한 말로 생각된다. 왜냐하면 현대 경영학의 바탕이 되고 원산지가 된 미국이 자본주의제도와 산업혁명 이후 자유 기업제도를 가장 잘 발전시켜 왔기 때문이다. 따라서 경영학은 자유기업제도를 바탕으로 발전한 학문으로서, 가장 전문적이고 실용적인 학문이라고 할 수 있다. 경영학이 발전하기 위한 전제조건은 다음과 같다.

4 경영학의 학문적 배경

〈1〉 경영학은 자유기업 제도를 바탕으로 발전한 학문이다

경영학은 정치적으로는 자유민주주의제도, 경제적으로는 자유기업제도(Free Enterprise System)를 바탕으로 탄생한 학문이다. 1990년대의 소련, 동구라파 등 공산권 국가들의 몰락이 증명해주는 것처럼 자유민주주의 제도는 제도상의 문제점과 모순점에도 불구하고 인류사회와 문명의 발전을 가져오는 가장 바람직한 체제임에 틀림 없다.

자유 기업제도는 사유재산의 인정, 이익 동기의 보장, 자유시장제도, 정치적·경제적 자유, 공평한 경쟁기회, 기업의 사회적 책임, 계약의 존엄성 등을 바탕으로 운영되는 제도이다.

1) 사유재산(Private Property)의 인정

사유재산권은 개인의 경제력(Economic Power)의 기본요소로서, 이와 같은 사유재산의 소유가 인정되기 때문에 사람들은 각자의 사유재산을 늘리기 위해 열심히 노력하게 된다. 사유재산의 증식을 통해 인간은 보다 자신의 삶을 풍요롭게 해주는 제품과 서비스를 구입할 수 있기 때문이다. 따라서 사유재산권이 허용되지 않으면 이익동기도 없고 사유기업은 발전할 수 없다. 따라서 사유재산의 인정이란 누구든지 자신의 재산을 형성할 수 있고, 자기의 재산을 자기 마음대로 활용할 수 있는 권리의 인정을 말한다.

사유재산권은 개인이 가옥, 토지, 건물, 공장 등을 마음대로 소유할 수 있으며 이를 매도·증여·활용할 수 있는 임의 처분 권리를 갖는다. 그러나 정부는 국가안보나 공공이익의 보호 증진을 위해 필요한 경우에 한해 적법절차에 따라 적정 보상을 한 후 사유재산을 수용한 후 사유재산을 수용할 수 있다. 정치적 민주주의를 바탕으로 삼는 자유기업제도가 공산주의의 통제경영보다 능률적이고 우월하며, 그 결과로 국민복지가 향상되는 이유 중에는 이익 동기와 사유재산권이 포함된다.

2) 이익동기(Profit Motive) 보장

이익동기(Profit Motive)야말로 자본주의 체제를 이끌어가는 가장 중요한 요소이다. 즉, 이익은 더 많은 제품과 서비스를 구매할 수 있도록 해 주기 때문에 기업경영의 원동력이 된다. 만약 이익 동기가 없다면 기업가들이 그렇게 열심히 일하고자 하지 않을뿐더러 기업의 성과를 증진시키고자 하는 갖가지 창의적인 업무수행이 이루어지기가 어렵다. 여기에서 한 가지 짚고 넘어가야 할 것은 자유기업 제도는 이익추구의 기회를 제공할 뿐이지, 이익을 보장해 주는 제도는 아니라는 점이다.

자본주의 제도 하에서 경제조직과 기업은 이익을 목적으로 운영되어야 한다. 이익과 이익 창출 능력은 기업의 목표이고 성공의 척도이기 때문이다. 특정 개인에게는 이익원천이 크게 두 가지가 있다. 첫째는 지불한 총원가보다 재산을 더 많은 값에 팔아 이익을 내는 것이며, 둘째는 기업에 참여 하여 이익을 얻거나 주식회사의 주주가 되어 이익배당을 받는 것이다. 그런데 두 가지 방법에 의해 얻어지는 이익이나 소득은 항상 유동적이고 불확실하며, 기업가는 그러한 이익을 추구하기 위해 투자하고 위험을 감수한다. 인간이 추구하는 모든 기회와 그 행동에는 위험이 수반되는 것이 보통이다. 따라서 기업가와 기업은 그러한 위험을 극복해야만 비로소 소득과 이익을 실현할 수 있다.

3) 자유시장제도(Free Market System)

자유시장제도란 외부의 간섭 없이 자기 마음대로 물건을 사고 팔 수 있는 시장제도를 말한다. 자유롭게 경쟁할 수 있는 시장제도의 존재는 생산업자, 유통업자, 소비자 모두에게 유익을 가져다주기 때문에 중요하다. 생산업자들은 보다 좋은 조건으로 자본, 기술, 인력, 토지, 기계설비, 원자재를 구입할 수 있는 요소시장(Factor Market)이 존재하며, 또 생산된 제품을 판매하기 위해서는 판매시장(Selling Market)을 통하여 경쟁하게 된다. 소비자들은 필요로 하는 제품이나 서비스를 보다 좋은 조건으로 구입하기 위해 구매시장(Purchasing Market)을 활용하게 된다.

4) 정치적, 경제적 자유(Political and Economic Freedom)

정치적, 경제적 자유는 사유재산제도와 자유시장 제도를 유지하는 기본적인 바탕이 된다. 사유기업을 자기 마음대로 설립하거나 운영할 수 있는 정치적, 경제적 자유를 보장받지 못하는 한 다른 어떤 자유도 보장받지 못하기 때문이다. 그러나 대부분의 국가에서는 자유시장 제도하에서도 공공의 이익을 보호하기 위하여 독점(獨占)이나 과점(寡占)에 대해서는 규제를 하고 있는 것이 일반적이다. 그러므로 공공의 이익에 반하지 않는 한 개인은 자유의사에 따라 업종이나 자원, 인력을 선택할 수 있고, 사업장의 위치, 규모 등도 자유롭게 설립할 수 있다. 자유기업제도란 공공의 이익을 보호·증진시키기 위해 존립하는 철도나 전기, 전신전화와 같은 공공소유의 공기업을 제외하고는 거의 모든 기업에 대하여 개인과 사유 조직으로 운영이 가능함을 뜻한다. 자유기업 제도하의 기업이 갖는 공통적인 활동을 살펴보면,

① 개인은 자유의사에 따라 업종을 선택하여 기업을 설립할 수 있고 직업을 선택할 수 있다.

② 기업의 운영 방향은 공공이익에 미치는 영향의 범위 내에서 정부의 규제와 통제를 받는다.

③ 기업가나 경영자는 자신의 투자와 노력의 대가로서 납세 후 순소득을 얻을 권리가 있다. 그리고 소비자에게는 선택의 자유, 즉 상품과 용역에 대한 구매 여

부나 가격의 적정여부, 언제 어디서 구매할 것이냐를 결정할 권리가 있다. 이러한 소비자들의 권리행사가 계속 증가할 것이므로 기업은 소비자의 권익 보호에 유의해야 할 것이다.

5) 공평한 경쟁기회(Competition Opportunity)부여

자유기업제도와 민주정치제도는 모든 사람들에게 공평한 경쟁기회를 제공하는 것처럼 사유기업에서도 불가피하게 기업경쟁이 유발된다. 기업경쟁은 공공의 이익을 보호 증진하는 범위에서만 정부가 제한할 수 있다. 이러한 경쟁의 법칙과 윤리는 사회가 결정하며, 경쟁은 생산자와 소비자에게 다같이 이롭기때문에 중요하다. 기업간의 경쟁이 가장 심한 분야는 아마 가격일 것이다. 기업은 경쟁사보다도 높은 가격우위를 유지하기 위해 원가절감, 생산성 향상, 기술향상, 경영능률 향상 등으로 끊임없는 노력을 한다. 이러한 경쟁의 낙오에 의한 기업도산은 투자자의 손실은 물론 사회손실까지도 초래한다.

경쟁이 없으면 기술, 제품개발, 생산, 마케팅, 경영관리 등에 대한 혁신과 발전을 기대하기 어렵다. 또한 기업간의 경쟁은 소비자에게도 각종 혜택을 준다. 예컨대 냉난방 설치, 신용거래, 배달 등과 같은 서비스의 질적 향상은 경쟁으로 인해 개선된다. 경쟁은 개인간에도 발생한다. 사람은 태어나서 교육, 직업, 소득, 결혼, 무덤에 이르기까지 경쟁과정을 거치므로 각자는 이를 두려워하거나 회피하기보다는 실력을 배양하고 소기의 성과를 달성함으로써 경쟁에서 이기는 것이 바람직하다.

6) 계약의 존엄성(Dignity of Contract)

계약권리는 법에 의한 강제 집행할 수 있는 자발적 합의이다. 이처럼 자발적 합의를 통한 합법적 계약이 자유기업제도를 지탱해주는 힘이 된다. 그래서 미래에 대한 어느 정도의 확실성을 가지고 기업을 포함한 경제단위와 거래를 할 수 있다.

그렇지 않으면 개인이나 기업은 미래를 계획하고 그것을 실행하기가 곤란하다. 계약의 절차나 조건, 성립, 집행, 피해보상 등에 관해서는 민법과 상법에 명시되어 있는데, 이는 선량한 개인과 기업을 보호하기 위함이다. 우리 모두는 계약의 존엄성을 인식하고 계약을 지키는 행동이 요구된다. 그래야 건전한 사회풍도의 조성과 발전이 가능하기 때문이다.

7) 사회적 책임(Social Responsibility) 수반

기업제도는 사회이익을 증진시키는데 목적을 둔 사회적 요구와 이유 때문에 생겼으며, 또 사회적 요인 때문에 성장하고 있다. 따라서 기업이 행사할 수 있는 권리와 특전상의 한계는 사회이익의 관점에서 찾아야 한다. 사회이익의 보호나 긴급 상황에서는 계약의 효력을 정지시킬 수 있으며, 공정거래 규정, 통상금지, 지급정지, 입출항 금지 등의 조치를 취할 수 있다.

개인의 자유에 대해서도 사회는 책임수반이 없는 권리와 특전의 행사는 용납하지 않는다. 한 사람의 자유는 타인의 자유가 시작되는데서 그치기 때문이다. 그러므로 개인이나 기업은 사회가 부여한 권리와 특권을 행사할 때는 반드시 그 결과에 대해 사회적 책임을 져야 한다.

5 경영학의 특성

전문경영자가 되려면 최소한 갖추어야 할 전문적인 경영학 지식이 있기 때문에 경영학은 이론적 학문과 실천적 학문으로서의 학문적 특성과 과학(科學)과 기술(技術)로서의 특성을 지니고 있는 것으로 설명되고 있다.

1) 이론적 학문과 실천적 학문으로서의 경영학

주로 기업을 연구대상으로 하는 경영학은 단순히 지식을 위한 지식의 체계라기보다는 행동내지 실천을 위한 지식의 체계라고 할 수 있으며, 실천을 위한 이론을 추구하는 학문이라고 할 수 있다. 즉, 오늘날의 경영학은 경영에 대한 이론적, 과학적 인식을 기초로 해서 경영의 목적을 합리적으로 달성하기 위한 원리를 탐구하는 학문이라고 할 수 있다.

이것은 곧 경영학이 이론과 실천의 양면적 성격을 지니고 있음을 의미하며, 양자 간에 상호 보완적인 관계로써 이해되어야 함을 의미하는 것이다. 이를테면, 기업 환경의 변화에 따라 새로이 개발된 경영이론은 현실의 경영활동을 통해 실행에 옮겨질 때 비로소 하나의 경영이론으로 그 가치를 인정받을 수 있게 된다.

따라서 경영학은 이론과학이자 실천과학의 성격을 함께 갖춘 실천적 이론과학이라고 할 수 있다.

2) 과학과 기술로서의 경영학

경영학이 이론적 학문과 실천적 학문으로서의 이중적 성격을 지니고 있다는 것은 자연스레 과학과 기술로서의 성격을 함께 지닌 학문으로 볼 수 있다. 실천적 학문인 경영학이 기업 경영상의 실제 상황의 제반 문제를 해결하기 위해서는 어떤 기술(Art) 또는 비법(Know-how)이 필요한 바, 이것은 바로 경영학이 실무(Practice)로서 기술임을 의미하는 것이다.

또한 그 실무로서의 경영을 뒷받침하는 체계적인 지식이 필요한 것이 과학(Science)으로서의 경영학을 의미한다. 이러한 맥락에서 볼 때, 과학과 기술의 관계는 서로 배타적인 것이 아니라 상호 보완적인 것이다.

따라서 경영학의 과학·기술논쟁은 양자택일적인 논리로 답을 구할 것이 아니라 과학과 기술의 이중적 성격을 함께 지닌 학문으로 이해해야 한다는 것이다.

현대 경영학은 [그림 1-1]에서 보는 바와 같이 사회과학의 한 분야로서 이론적 실천과학이자 과학과 기술의 이중적 성격을 지닌 학문이라고 하겠다.

[그림 1-1] 현대 경영학의 학문적 특성

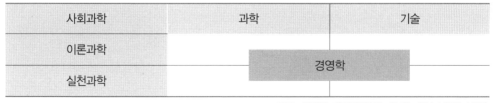

사회과학	과학	기술
이론과학	경영학	
실천과학		

• 자료 : 韓義泳, 『經營學總論』, (서울 : 茶山出版社, 1992).

3) 경영학은 실용적인 학문이다

경영학은 실용적인 학문으로서 문제해결 지향적인 학문(Problem Solving Centered Discipline)이다. 실용적인 학문이라 함은 실제 기업경영에 도움을 줄 수 있는 학문이라는 뜻이다. 경영학은 실제 기업현장에서 발생하는 여러 가지 문제점에 대해 해결방안을 모색해보고, 그 과정에서 대단히 분석적이고 합리적인 접근방법을 채택하고 있다. 따라서 경영학은 다른 어떤 학문보다도 실천적인 학문(Practical Science)의 성격이 강하다.

그러나 대학에서 어떠한 내용을 미래의 전문경영자들에게 가르쳐야 할 것인지에 대해서는 대학의 형편이나 기업계가 요구하는 정도에 따라 상이할 수밖에 없다. 대체적으로 경영학 지식이 필요한 정도에 따라 미래의 경영자들을 제네럴리스트(Generalist)로 키울 것인가, 혹은 스페셜리스트(Specialist)로 키울 것인가에 따라 향방이 달라진다.

제2장
기업의 형태

제1절
기업의 본질

1 기업의 정의

　기업은 자본주의 사회에서 이익을 목적으로 타인에게 특정한 재화와 서비스를 제공하는 경제조직이다. 기업이 재화나 서비스를 판다는 의미는 효용이 있는 어떤 가치를 소비자에게 공급하는 행위이다. 기업의 이윤추구 활동은 부가가치를 창출하는 활동이다. 자본주의의 번영은 경제의 기본 단위인 기업의 이윤획득 노력의 결과이다. 기업은 다수의 사람들로 구성되어있는 조직체로서 일자리를 제공하는 동시에 구성원들이 자아를 실현하고 경험과 학습을 통해 지식을 습득하며, 직위·권한·권력·대외관계 등을 통해 자신의 사회적 가치를 확인받을 수 있는 기회를 제공한다.

　기업은 종업원들의 의·식·주를 해결해 주며, 생활에 필요한 재화와 용역을 생산. 공급해 주며, 자아발전 및 실현의 기회를 제공해 준다. 또한 관련이 있는 이해관계자들의 이익을 조정해 주는 역할을 하며 나아가 사회 구성원들의 가치관이나 의식 수준에도 큰 영향을 미치고, 외부 환경변화에 큰 영향을 받기도 한다. 기업은 현대 경제사회에서 중추적인 역할을 담당하는 조직체이며 경제 및 사회 전체 시스템의 활동 주체로서 살아있는 생명체이다. 기업도 **창업-성장-성숙-쇠퇴**의 라이프사이클을 갖고 있으며, 시장원리와 기업윤리 등 다양한 책임요건 가운데 경쟁력을 확보하고 나아가기 위해서는 특수한 능력이 요구된다. 기업에 요구되는 특수능력이란 제한된 자원으로 최대의 성과를 얻을 수 있게 하는 경영능력이다.

2 기업의 기능

기업은 개인의 생활 터전인 생계유지의 근간을 제공하며 국가발전의 원동력이 되는 중요한 기능을 가지고 있다.

〈표 1-1〉 기업의 기능

개인	국가
부(富)를 창출하는 기능.	재정의 원천
기업은 노동력을 고용하는 기능	국가발전의 원동력
개인의 생활터전(자아실현)을 제공.	사회 안정화 기여

3 이익

이익(Profit)이란 기업 활동을 수행하는데 투입된 총비용(Total Cost)을 상회하는 총수익(Total Revenue)의 부분이다. 즉, 이익은 다음과 같이 나타낼 수 있다.

P(이익) = R(매출) − C(원가) (Profit, Revenue, Cost)

이때의 이익은 수익을 얻고자 자원을 배분한 투입(Input)과 이에 의해 획득한 산출(Output)과의 차액인데, 이는 경영자가 중심이 되어 협동을 통해 기업가적 기능, 즉 위험부담과 혁신을 이룩한 것에 대한 대가로서의 사회적 보수이다. 그러면, 이러한 이익은 자본주의 체제하에서만 발생하는 필요악인가?

막스(K. Marx)는 자본의 순환과정을 [그림 1-2]에서 보는 것과 같은 공식으로 설명하고 있다. 산업자본은 그 운동의 과정에 있어서 여러 가지의 기능형태로 변한다. 그 변환과정은 이러한 형태의 반복으로서 하나의 순환과정을 이루게 된다.

[그림 1-2] 자본의 순환과정

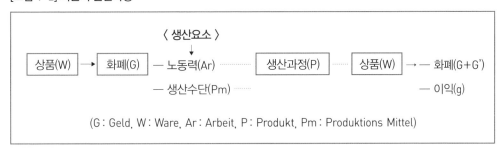

여기서 G는 화폐 형태로서의 산업자본, 즉 화폐로서 일반적인 구매수단 또는 지불수단으로서의 기능형태 자본을 말하고, W는 상품형태로서의 자본, 즉 교환될 성질을 가지는 생산품인 기능형태의 자본을 나타내며, Pm은 생산자본, 즉 가치 및 잉여가치를 창조할 수 있는 능력을가진 자본형태를 의미한다.

상품의 생산은 가변자본인 노동력(Ar)과 불변자본인 생산수단(Pm)이 서로 결합되어 이루어지며, 생산 수단은 노동수단인 시설과 노동대상인 원재료로 성립된다고 볼수 있다. 따라서 생산요소는 노동(력), 시설, 원재료의 3요소로 이루어진다는 것이다.

생산 과정을 통해 생산된 생산물(상품, W')은 판매를 통해 최초의 화폐(G)에다 알파의 화폐인 이익(g) 또는 이윤을 얻게 되며, 이익은 회수되어 재 투자된다.[1]

막스는 개별자본의 운동을 통해 얻어지는 이윤의 궁극적인 원천은 노동력이고, 잉여가치생산은 노동시간 연장, 노동 강화 및 노동생산성의 향상에 의해 이루어지며, 이것은 자본가에게만 분배되므로 이익추구는 곧 착취이며, 그 메카니즘의 기초는 사유재산제에 있다고 보았다.

---

1 위의 순환과정은 기업의 중심기능인 생산을 중핵으로 한 경영의 순환과정으로 설명할 수도 있다. 즉, 기업의 자본조달기능을 통해 확보된 산업자본(G)은 생산요소를 구매(구매기능)하여 생산과정(생산기능)을 통해 생산된 제품을 판매(판매기능)함으로써 가치증식된 산업자본(G')을 다시 회수하게 된다. 초과공급하의 구매자중심시장(Buyer's Market)상황에서는 생산된 제품에 대한 고객의 수용(Customer's Acceptance)여부가 판매, 즉 산업자본의 회수를 좌우하게 되는 바, 오늘날 기업경영에 있어서 판매 또는 마케팅 기능의 중요성은 점점 더 커지고 있다.

그러나 이러한 예언은 생산수단이 사회적 소유화되고 계획경제의 사회가 되더라도 근대적인 화폐경제체제를 취하는 한 사회주의 사회의 부(富)도 상품생산의 형태를 통해 이루어질 수밖에 없으며, 이의 판매를 통해 얻게 되는 이익은 사회주의 사회 또한 자본주의 사회 이상으로 더 많이 필요로 한다.

자본주의 사회이든 사회주의 사회이든 기업에 있어서 생산물이 상품으로써 생산되는 한 개별자본의 운동법칙은 존재하며, 또한 이익은 기업이 어느 정도로 성과 달성을 하였는가 측정하는 최적의 척도가 됨을 나타내어 주는 것이다.

이와 같이 볼 때, 이익이란 어떠한 사회경제 체제하에서도 당위성을 가지며 또한 필요한 것인데, 이러한 이익은 바로 부가가치(Added Value)로서의 성격을 가진다. 부가가치는 기업 활동을 수행한 결과로서 스스로 창출하고 부가한 가치인 것이다.

부가가치는 크게 두 가지가 있는데, 그 하나는 판매액에서 기업외부로부터 구매한 원재료비 등을 공제하여 파악되는 총 부가가치로서 이에는 출자자에 분배될 전통적인 의미에서의 배당금과 인건비, 타인자본 이자 및 감가상각비 등이 포함된다.

다른 하나는 전자에서 다시 전통적 의미에서의 이익, 즉 배당금과 인건비 및 타인 자본 이자 등이 제외된 순 부가가치 개념이다. 따라서 이와같이 파악되는 기업경영성과로서의 이익은 기업의 협동적 생산과정에 참가한 모든 참가자에게 공정하게 분배되지 않으면 안 된다. 이렇게 볼 때, 부가가치적인 입장에서 파악되는 이익은 다음과 같은 세 가지 형태로 나타난다.

첫째는 **창조이익**이다. 이는 특허, 신기술 및 신제품 개발 등에 의해 실현되는 초과 이익으로서 사회적 편익(혜택)을 새로이 추가 또는 증대시켜 준 대가이다.

둘째는 **생산이익**이다. 이는 보다 양질의 보다 값싼 생활자원(상품이나 용역)을 공급하는 기업의 본질적인 기능인 생산기능이 수행됨으로써 제공된 사회경제적 편익 내지 혜택에 대한 대가이다.

셋째는 **의제이익**이다. 이는 단순히 상품이나 용역을 제공함으로써 가득되는 이익으로서 아무런 사회적 가치도 증대시켜 주지 않는다. 예컨대 매점매석, 투기, 저가발주 등에 의해 생성된 이익이 여기에 해당된다. 경영성과로서의 이익을 극대화한다는 것은 협동과정에 참가한 모든 사람들에게 그것이 공정하게 분배될 수만 있다면 그것은 기업목적으로 당연시될 수 있을 것이다. 그러나 이와 같은 이익이라 하더라도 그것이 불공정한 방법이나 수단에 의해 추구된다면 그것은 비난을 받지 않을 수 없다.

그러므로 이익창출과정에 불공정성이 개입되지 않는다면 그 이익은 공정이익(Fair Profit)이라 할 수 있다. 또한 기업이 존속하기 위해 필요로 하고 사회적으로 용인될 수 있는 '요구되는 최저이익(Required Minimum Profit)'이란 어느 정도이어야 할까? 드럭커(P. F. Drucker)는 이를 세 가지로 보고 있다.

첫째는 기업이 존속하기 위해 기업자체의 미래위험을 회피하는 데 필요한 미래원가(Future Cost)이다. 둘째는 사회원가(Social Cost)인데, 여기에는 세금, 공과금 등이 포함되고, 셋째는 미래 확장원가(Future Expansion Cost)인데, 여기에는 자기금융에 의한 자금조달 및 차입을 용이하게 하는데 필요한 이익이 포함된다.

4 기업의 목적

기업은 공동의 목표를 가지고 협동적 노력을 하고자 형성된다. 그렇다면 기업구성원들의 협동적 노력이 지향하는 기업의 목적은 우리의 중심과제가 아닐 수 없다.

여기서 목적(Purpose)이란 궁극적으로 달성하려고 의도하는 최종 성과 내지 결과(Ends)인데 반해, 목표(Objectives)는 측정가능하고 보다 구체적인 질적·양적 목적을 말하는 것으로서, 이는 기업 활동의 구체적인 관리기준이 되는 것이다. 따라서 기업목표는 기업목적이 어느 정도로 달성되었는지 측정가능하다는 의미에서 조작적 성격을 지닌다.

이와 같은 기업목적 특히 기업목표는 기업 활동이 수행되는 모든 과정에서 이를 이끌어 주는 판단기준이 된다. 이러한 목적은 계층성을 가지는데, 이는 여러 개의 목적이 서로 수단·목적의 연쇄(Means-ends Chain)를 이루고 있어서, 어떤 목적의 달성을 위해 선택된 수단으로서의 행동은 그보다 낮은 차원의 수단인 행동을 선택하기 위한 목적이 된다.

예를 들어, 기업의 목적을 이익이라고 한다면 이를 달성하기 위한 수단으로는 수익을 증대 시켜주는 판매액 증대와 비용인하라는 두 가지의 1차적인 수단을 고려할 수 있다. 왜냐하면 이익은 수익과 비용의 차액이기 때문이다.

판매액 증대와 관련시켜 보면 판매가격의 인하, 새로운 경로의 개척, 신제품 개발, 효율적인 광고, 판매경로의 단축, 판매조직의 효율화 등을 생각할 수 있고, 또 비용인하와 관련시켜 보면 재료를 대체함으로써 재료비를 인하하거나, 노동생산성을 향상시키거나, 원가절감 운동 등을 통해 경비를 줄일 수 있을 것이다.

1) 이익목적론

자본주의 경제체제에 있어 기업 활동은 영리와 불가분의 관계를 가지고 있으므로 이익추구가 바로 기업의 본질적인 목적이 된다고 보는 견해이다. 이익목적론에는 기업가 목적론, 주주부의 극대화 목적론, 기업가치의 극대화 목적론, 투자이익 목적론 등이 있다.

초기에는 이익목적론 중에서 기업가 목적론이 지배적이었다. 이는 소유경영자인 기업가의 이익추구목적을 기업목적으로 보는 것이다.

2) 봉사 목적론

포드(H. Ford)가 주장한 포디즘(Fordism), 즉 저가격과 고임금의 원리에 따라 기업의 목적은 봉사 동기에 있다고 보고 이러한 봉사를 목적으로 하여 경영되는 기업 활동의 결과로써 얻게 되는 것이 이익이라고 보는 견해이다.

포드는 기업을 봉사의 기관으로 보고, 소비자의 실질적 구매결과 생활수준의 향상을 꾀하기 위해서는 저가격의 제품을 공급해야 하며, 다른 한편으로는 높은 임금을 지급해야 한다고 주장하였다.

5 기업의 형태

기업은 다양한 전문조직이 비전과 전략, 정보를 공유하며 다양한 이해관계자들의 이익을 조정·배분하며 상호협력과 조화를 이루어 나가는 과정에서 부가가치를 창출하는 시스템이다. 시스템이란 체계 · 조직 · 제도 등 요소의 집합 및 요소와 요소 간의 집합 또는 어떤 과업의 수행이나 목적 달성을 위해 공동 작업하는 조직화된 구성 요소의 집합으로 어떤 목적을 위한 질서가 있는 조직체계를 뜻한다.

기업은 출자형태에 따라 개인기업 및 공동기업으로 구분하고 법률적 형태에 따라서는 개인기업과 법인기업으로 구분할 수 있으며 법인기업의 종류에는 주식회사 · 유한회사 · 합자회사 · 합명회사가 있다.

6 기업 분류

〈표 1-2〉 규모에 의한 기업 분류

대기업	상시 근로자 수가 1,000명 이상, 자본금 5천억원 이상, 자기자본5백억 원 이상, 최근 3개 사업연도의 평균 매출액이 1천5백억원 이상인 기업
중소기업 (20인이상 ~300인 미만)	제8조(소기업과 중기업의 구분) 법 제2조제2항에 따른 소기업(小企業)은 다음 각 호의 어느 하나에 해당하는 기업을 말하고, 중기업(中企業)은 중소기업 중. 소기업을 제외한 기업을 말한다. 〈개정 2011.12.28〉 「중소기업기본법 시행령」에서는 각 업종별로 규모기준을 규정하여 제조업은 상시 근로자수 300인 미만이거나 자본금이 80억원 이하인 경우, 광업 · 건설업 · 운송업은 상시 근로자수 300인 미만이거나 자본금 30억원 이하인 경우, 도소매 · 서비스업은 세부업종별로 상세하게 구분하여 상시 근로자수 기준은 300인 부터 50인까지, 매출액 기준은 300억원부터 50억원 까지로 중소기업 범위를 규정하고 있다.
벤처기업	첨단의 신기술과 아이디어를 개발하여 사업에 도전하는 창조적인 중소기업으로 한국에서는 '연구 개발형 기업', '기술 집약형 기업', '모험기업' 등으로 부르며 한편으로는 '위험기업'이라고도 부름. '벤처기업협회'는 '개인 또는 소수의 창업인이 위험성은 크지만 성공할 경우 높은 기대수익이 예상되는 신기술과 아이디어를 독자적인 기반 위에서 사업화하려는 신생중소기업'으로 정의.
공기업	비영리조직과 영리기업의 중간 형태로, 사회적 목적을 추구하면서 영업활동을 수행하는 기업. 취약계층에게 사회서비스 또는 일자리를 제공하여 지역주민의 삶의 질을 높이는 등의 사회적 목적을 추구하면서 재화 및 서비스의 생산 · 판매 등 영업활동을 수행하는 기업.

1) 규모에 의한 분류

자본액, 매출액, 종업원수 에 따라 대기업, 중기업, 소기업으로 분류 한다. 규모에 따른 기업의 분류표는 〈표1-2〉와 같다.

2) 업종에 의한 분류

공업, 상업, 광업, 금융업, 정보통신업, 서비스업, 제조업으로 분류한다.

3) 법률적 형태에 따라

개인, 법인으로 나눈다.

〈표 1-3〉 법률적 형태에 따른 기업분류

구분	개인 기업	법인 기업
설립	특별한 절차 없이 개인의 의사결정에 의해창업	법인 설립 절차에 따라 공동의 의사결정에 의거 등기하여 창업
경영	단독 무한 책임, 신속한 의사결정 경영 능력의 한계	회사형태에 따라 유한책임과 무한책임으로 분류, 의사결정이 늦어질 수 있다. 소유와 경영 분리
기업주활동	자유로움	상법상 제약
자본 조달	개인 전액 출자, 조달능력 한계	다수 출자자, 거액자본금 형성
이윤 분배	개인이 독점	출자자 지분 분배
지속성	영속성 결여(개인의 사고 영향)	영속성 유지(다수의 결정)
대외신용도	취약한편	유리, 출자금의 유가증권화
세 제	소득세 과세	법인세 과세
세제 혜택	일정 매출 이하일 때 유리 장부 기장 조건 덜 엄격하다.	일정 매출 이상일 때 유리 투명성 요구됨.

4) 출자 성격에 따라

공기업, 사기업, 공사 합동기업으로 분류한다.

7 기업 형태와 분류

기업 형태의 선택은 기업의 창업을 위한 크나큰 요인의 하나이다. 그것은 어떠한 형태의 기업을 창설하느냐에 따라 미래의 유지나 성장에 커다란 영향을 미치기 때문이다.

기업 형태(Business Form)란 경제적 행위주체로서의 기업이 기업목적을 달성하기 위하여 취하고 있는 기업의 종류나 양식을 말한다. 현대기업의 특질이 전문경영자에 의한 주식회사 형태의 양식을 말한다. 현대기업의 특질이 전문경영자에 의한 주식회사 형태의 기업일 수만은 없다. 따라서 기업창설을 위한 기업 형태란 그 선택요인에 따라 결정될 수밖에 없다.

기업형태의 선택은 책임부담 여하에 달려 있으며, 이외에도 설립방식의 여하, 자금조달의 난이성 여하, 세제상의 장·단점 등이 그 추가적인 선택요인이 된다.

어떠한 방식과 형태에 의해 설립되는 기업 형태는 일반적으로 기업의 형태를 보는 관점에 따라 여러 가지로 구분할 수 있다. 기업의 법률적 형태란 기업형태의 법률적인 특징에 따른 형태분류를 뜻하며, 일반적으로 법인격의 유무, 사원책임의 형태, 회사기관의 구성, 대체적 지분증권의 발행가능성 여부 등이 그 법률적인 특징을 이룬다.

법인격의 유무에 따라 자영인 기업과 회사 기업으로 나누어지며, 사원책임 형태에 따라 합명회사, 합자회사, 유한회사, 주식회사 등으로 나누어진다.

[그림 1-3]은 출자성격에 따른 기업형태의 분류를 보여주고 있다.

[그림 1-3] 기업형태의 분류

기업을 경영하는 규모의 크기에 따라 분류해보면 대기업과 중소기업으로 분류 할 수 있다. 규모의 크기는 자본액, 매출액 또는 종업원 수 등으로 기준을 삼는다. 기업의 출자자를 공사별로 나누어 공기업, 사기업, 공사혼합기업 등으로 구분할 수도 있다.

1. 사기업

사기업(Private Enterprise)이란 자본주의 경제체제의 특징적인 기업으로서 민간의 자본을 가지고 민간인에 의해 영리를 목적으로 영위되는 일체의 개별경제를 의미한다. 우리나라의 경우, 상법상에서는 사기업으로 개인기업과 공동기업에 있어서 합명회사, 합자회사, 주식회사 및 유한회사가 인정이 되고 있다.

〈1〉 개인기업

개인기업(Sole Proprietorship)은 가장 오랜 전통을 지닌 사기업으로서, 역사적으로 볼 때 사기업은 우선 개인기업의 형태를 갖추고 등장했다고 할 수 있다. 따라서 기업형태 중에서 가장 간단한 기업형태의 전형이 바로 개인 기업이다. 개인 기업은 개인이 출자하여 소유 운영되는 기업을 일컫는다. 즉 한 사람이 단독적으로 출자하고 지배하여 경영상의 모든 위험과 손실을 부담하고 이윤도 단독으로 향유할 수 있으므로 단독기업이라고 부른다.

개인기업의 장점은 다음과 같다.

① 기업체의 설립과 폐업이 자유롭고 용이하다.

② 모든 이익은 소유자에게 귀속되므로 경영에 대한 관심이 크다.

③ 소유자는 자율적인 경영이 가능하고, 신속한 의사결정을 통해 기업환경에 능동적으로 대처 할 수 있다.

④ 기업경영에 대한 법률상의 제약과 규제가 가장 적다.

⑤ 개인소득세만 납부하고 법인세는 없으므로 납세액이 상대적으로 적다.

⑥ 경영상의 비밀을 유지할 수 있다. 그러나 개인 기업은 다음과 같은 단점을 가지고 있다.

① 소유자는 부채에 대한 무한책임을 진다.

② 자본조달이 어려워 대규모 경영에는 부적합하다.

③ 기업규모가 커지면 개인능력의 한계로 관리능률이 저하된다.

④ 기업체가 영구성이 없고, 종업원의 승진기회가 제한된다.

⑤ 기업체의 존속에 불확실성이 많다.

〈2〉 공동기업

1) 합명회사

합명회사(Unlimited Partnership)는 2인 이상의 사원이 공동출자한 회사이며 각 사원은 회사의 채무에 대하여 연대무한책임을 지는 회사인데, 이것은 인적기업의 대표적인 기업형태이다. 각 사원은 정관을 작성하고 법원에 등기함으로써 설립된다. 합명회사의 각 구성원은 위험부담에 있어 무한책임을 지는 관계로 다른 사원이 부담할 부분의 채무까지도 책임을 져야 한다. 따라서 합명회사는 보통 가족 또는 친척간과 같이 이해관계가 매우 깊은 사람들끼리 설립하는 경우가 많다 그러한 의미에서도 합명회사는 개인기업과 가장 가까운 성격의 기업형태이다.

합명회사는 인적요소에 치중되어 있어 각 사원은 법률상 여러 가지 구속을 받는다. 합명회사의 사원은 무한책임 대신 회사경영에 직접 참여할 수 있어 사원 전원이 곧 경영자인 셈이다. 우리나라와 일본의 합명회사는 법인으로 취급되고 있다. (미국, 독일 등에서는 일반공동기업의 형태로 분류하고 있다.)

2) 합자회사

합자회사(Limited Partnership)는 무한책임사원과 유한책임사원으로 구성되는 이원적인 조직의 기업형태로, 그 기원은 중세 유럽의 해안상업도시에서 위험성이 많은 해상무역으로부터 발달한 코멘다(Commenda)제도에서 유래되었다고 알려져 있다.

코멘다란 일종의 위탁계약관계로서 위탁자(Commendator)가 해상무역업자(Tractator)에게 상품 또는 자본을 위탁해서 해상기업에서 생긴 이익의 분배 및 손실의 분담을 계약한 데서 비롯된다. 즉 손실의 경우 해상업자가 무한책임을 지는데 반해 위탁자는 그가 위탁한 상품 또는 자본을 한도로 해서 유한책임을 지는 형식이다.

합자회사에 있어서 지분자본의 양도는 무한책임사원 전원의 동의를 필요로 하므로 지분의 시장교환성은 거의 결여되어 있다. 또한 지분자본의 결합범위가 확대된다면 회사에 손실이 발생했을 때 기업가만이 무한책임을 지므로 기업가의 자본위험의 비율이 크게 증가되기 때문이다.

파트너쉽(Partnership)의 장점은 다음과 같다.

① 개인기업보다 기업신용이 우월하다
② 개인기업보다 자원동원력이 크고, 관리의 전문화를 기할 수 있다.
③ 폐업이 비교적 용이하다
④ 법률상 제약이 주식회사의 경우보다 적다.

그러나 파트너쉽은 다음과 같은 단점을 가지고 있다.

① 출자지분의 회수가 곤란하다

② 파트너간의 분규에 따른 폐업가능성이 있다. 즉 파트너 중 한 명이 이탈시 파트너쉽은 자동 해산된다.

③ 소유권 이전에 제약이 많다.

3) 유한회사

유한회사(Limited Company)는 원칙적으로 2명 이상 50명 이내의 유한책임사원으로 조직되는 회사이다. 즉 유한회사는 자본금이 균등하게 분할된 다수의 출자금으로 이루어지고, 모든 사원은 그 출자액을 한도로 유한책임을 지게 된다.

중소규모의 사업경영에 적합하도록 인적공동기업의 장점과 주식회사의 유한책임제도 등의 장점을 모방하여 제정한 기업형태로, 회사의 자본총액은 1천만원 이상이어야 하고 출자 1구좌의 금액은 5천원 이상으로 균일하여야 한다. 또한 각 사원은 출자 1구좌마다 1개의 의결권을 가진다. 그리고 사원의 출자지분은 원칙적으로 양도할 수 없다. 이 회사의 기관으로는 이사와 사원총회가 있고, 감사는 임의기관이다.

이 밖에도 감사기관으로 감사 1인을 선임할 수 있으며, 회사는 재무 상태를 공시하지 않아도 된다. 주식회사보다 설립절차가 간편하고, 중소규모의 기업에 적합한 조직형태라는 장점이 있다.

4) 주식회사

주식회사(Corporation)는 사원의 출자와 권리의무단위로서의 주식으로 분할된 출자 자본으로 구성된다.

출자자인 주주들은 회사의 채무에 대하여 주식의 인수가액을 한도로 변제의무를 부담할 뿐이고 기타 아무런 책임도 부담하지 않는 기업형태이다.

이러한 주식회사는 주식이라는 소액분할증권의 발행으로 불특정 다수인으로부터 거액의 자본조달이 가능할 뿐만 아니라, 조달된 자본을 출자자인 주주로부터 독립되어 전문경영자에 의해서 운영되기 때문에 경영능률을 높일 수 있다. 또한 주주의 유한책임제도로 말미암아 주주들의 개인재산의 안정성이 유지되고 주주권을 표시하는 주식은 자본시장에서 매매 양도할 수 있다.

주식회사의 기원은 1470년, 이탈리아의 제노아시에 설립된 산 줄리오 은행이라는 설과 1602년에 네덜란드연방의회의 특허장에 의해서 설립된 동인도회사라는 설이 있다.

5) 주식회사의 특징

주식회사의 특징으로는 자본의 증권화제도, 유한책임제도, 소유와 경영의 분리, 중역제도 등을 들 수 있다.

① 자본의 증권화제도

이는 회사가 필요로 하는 자본을 매매양도가 자유로운 주식인 유가증권으로 균일하게 분할하여 일반대중으로부터 기업자본을 조달하는 제도이다. 그러므로 주식회사의 자본금은 균일한 주식으로 분할되어 주권이 발행된다는 점이 그 첫째의 특징이다. 주주는 이 주식을 통하여 회사에 대하여 출자의무를 지니게 되는 것이다.

주주는 주주총회에 출석하여 의결권을 행사함으로써 회사의 중요사항을 결정하는데 참가할 수 있고, 또한 회사에 대하여 이익배당과 잔여재산의 분배를 청구할 수 있다. 주식에 의한 회사의 자본 조달방법은 주주와 회사 쌍방간에 매우 편리한 제도이다. 이것이 주식회사의 발달요인이 된다.

② 유한책임제도

이는 출자자인 주주의 책임이 출자금의 한도내에서 채무의 지급책임이 있다는 것이다. 그러므로 주주는 주식금액을 한도로 해서 회사의 부채에 대한 지급의무를 지는데 불과하다. 따라서 회사채무에 대하여 주주들의 개인재산에까지 채무지급의 의무를 지지는 않게 된다.

이와 같이 주주의 책임은 모두 주식의 인수가액을 한도로 하는 유한책임이라는 주식회사의 특징이다. 주식의 소유자인 주주는 모두 유한책임이기 때문에 출자자들은 안심하고 출자할 수 있는 것이다. 따라서 회사는 널리 일반대중으로부터 소요자본을 용이하게 조달할 수 있게 된다. 또한 주식회사는 주주수가 제한되어 있지 않으므로 주주의 수를 얼마든지 확대할 수 있다.

③ 소유와 경영의 분리

주식회사의 규모가 커짐에 따라 주식소유가 대중화되고 주주의 수가 많아지고 주식분산이 확대되면 주주들이 직접 기업경영에 참여하기는 현실적으로 불가능해진다. 뿐만 아니라 기업경영이 복잡해지고 이해집단의 이해조정 등의 문제로 인해 회사의 경영권은 전문경영자에 의해 수행되며, 소유권자인 주주들은 사업경영에 관여하기보다는 이익배당으로 자신들의 이익을 도모하거나 주식시세의 앙등에 의한 차익을 노리게 된다. 이로써 소유와 경영이 분리되는 것이다. 그러나 때로는 소수의 대주주가 경영권을 장악할 수도 있으나, 회사의 장기적 존속과 발전을 위해서는 전문경영자로서의 자질과 능력을 갖춘 인물에 의해서 책임경영이 이루어져야 할 것이다.

④ 중역제도

이는 주식회사의 성립을 가능하게 하는 제도이다. 중역이라함은 회사의 이사를 말하는데, 자본집중의 범위가 확대됨에 따라 주주의 수가 증가되고, 주주는 회사의 사업에 대해 잘 알지 못하므로 주식을 단순히 투자물건으로 생각하는 경향이 더해 감에 따라 경영의 직능을 중역에게 맡기지 않을 수 없었던 점에 기인한다.

주주 이외에 널리 유능한 경영자를 등용하여 회사경영의 실권을 중역에게 위양하는 중역제도의 확립으로 소유와 경영의 분리가 이루어지고, 이에 따라 자본집중의 규모를 확대하는 역할을 하고 있다. 이와 같이 출자와 경영이 분리되어 사실상 회사의 지배는 출자자를 대신하여 전문경영자가 담당하게 된다. 이를 '경영자지배'라고 한다.

6) 주식회사의 설립

주식회사의 설립에 관한 입법주의는 산업계의 요구에 따라 특허주의에서 면허주의, 다시 준칙주의로 변천해왔다. 우리나라의 상법에서도 주식회사의 설립에 있어 준칙주의를 채택하고 있다. 주식회사의 설립절차는 정관의 작성 이외에 실체를 구성하고 최후에 법원에 설립등기를 함으로써 법인격을 획득하여 설립된다. 이 실체구성 중에서 중요한 절차는 출자자인 사원주주의 확정이다. 상법은 사원의 확정에 관한 두 가지 방법을 규정하는데, 그 하나는 회사설립시 발행하는 주식을 발기인들이 전부 인수하여 회사를 설립하는 발기설립방법이고, 다른 하나는 발행하는 주식의 일부만을 인수하고 나머지는 사원을 공모하여 회사를 설립하는 모집설립방법이다.

발기설립의 경우에는 7인 이상의 발기인이 회사의 정관을 작성하여 회사설립의 요강을 정한다. 회사의 설립시에 발행하는 주식의 총수는 회사가 발행할 수 있는 주식의 총 수의 1/4 이상이어야 한다. 발기인들은 인수한 주식금액에 대하여 출자를 이행하고, 이사와 감사를 선임하며, 설립경과의 조사를 거쳐 법원에 설립등기를 함으로써 회사가 설립된다.

모집설립의 경우에는 2인 이상의 발기인이 회사의 정관을 작성, 회사설립의 요강을 정하고 회사 설립시에 발행하는 주식의 일부만을 발기인이 인수한 뒤에 주주를 모집하여, 발기인이 인수한 주식의 나머지 주식을 인수할 자를 정하고, 정관과 주식청약에 정한 금융기관에 인수한 주식금액을 전액 납입케 하며, 창립총회를 설립하여 설립과정의 경과를 청취하고 이사 · 감사를 선임하여 회사의 실체를 완료한다. 이상의 절차가 끝나면 법원에 설립등기를 함으로써 회사가 설립된다.

7) 주식회사의 기관

주식회사의 기관으로는 주주총회, 이사회 및 대표이사, 감사 등 세 가지의 상설기관을 둔다.

① 주주총회(General Meeting of Shareholders)

주주총회는 그 회사의 주주들로 구성된 최고 의사결정기관이다. 주주총회는 상법 또는 정관에 규정된 사항에 관하여 결의할 수 있는 회의체 형식의 의사결정기관이다. 주주총회는 사업과 정관에 규정된 사항을 결의할 수 있고, 다른 기관을 감독할 권한을 가진다. 주주총회는 이사와 감사를 선임 또는 해임할 수 있으므로 다른 기관을 감독할 수 있고 또한 정관을 변경할 수 있을 뿐만 아니라 정관으로 총회의 권한을 확장할 수 있게 되어있다.

② 이사회(Board of Directors)와 대표이사(Representative Director)

우리나라 상법상 이사는 주식회사의 업무집행기관인 이사회의 구성원으로 이사회에 참석하여 업무집행에 관한 의사를 결정하고 감독할 권한을 가진 사람을 말한다. 그러므로 이사는 이사회의 구성원으로서의 지위에서 이와 관련된 권리가 부여되고 있다. 이사의 자격은 아무런 제한이 없다. 이는 유능한 자를 이사로 선임함으로써 기업경영의 능률을 제고시키려는 데 그 취지가 있다. 이사의 인원은 3인 이상이어야 한다. 또한 이사의 임기는 3년이다.

이사회는 이사 전원으로 구성되는 필요상설의 회의체 기관으로서 회사의 업무집행에 관한 의사결정을 한다. 이사회는 회의체기관이므로 이사회가 활동하는 데는 반드시 회의를 개최해서 결의하여야 한다. 그러므로 회의를 열지 않고는 이사회 결의로서의 효력이 발생되지 않는다. 이사회는 회사의 업무집행에 관한 회사의 의사를 결정하고 업무집행의 실행과 회사대표행위를 감독할 수 있는 권한을 가진다.

대표이사는 회사를 대표하고 업무집행을 실행하는 필요상설기관이다. 대표이사는 이사중에서 선임하게 되므로 이사회 구성원으로서의 지위와 업무집행의 실행자로서의 지위를 겸하게 되기 때문에 업무집행의 결정과 실행에 대해서 연락 내지 교량의 역할을 담당한다. 대표이사는 1인 이상이면 되고 그 이상의 인원수에 대하여는 법률상 아무런 제한이 없다.

③ 감사(Auditor)

감사는 주식회사의 회계 및 업무의 감사를 담당하는 필요상설기관이다. 주식회사의 회계감사제도 중 내부감사를 감사가 담당하고, 외부감사의 경우는 공인회계사가 담당한다. 우리나라 상법에서는 주식회사의 감사는 필요상설 기관이므로 이를 두지 않을 수 없으며, 또한 감사는 일시적인 기관이 아니므로 항시 계속적으로 그 직무를 수행하여야 한다. 감사는 1인 이상을 두게 되어 있으므로 회사에 여러명의 감사가 있는 경우 각자 독립적으로 직무와 권한을 가진다. 감사의 임기는 2년이다.

8) 주식회사의 장단점

주식회사 경영상의 주요 장점은 다음과 같다

① 주주는 유한책임을 진다.

② 소유권 이전이 용이하다.

③ 대규모 자본조달과 기업성장이 용이하다.

④ 전문경영자에 의한 경영이 가능하다.

⑤ 출자자인 주주의 직접 경영부담이 거의 없다.

주식회사의 단점은 다음과 같다

① 법인세 등 세금의 부담이 비교적 크다

② 기업의 활동범주가 정관의 변경없이는 제약이 따른다.

③ 정부나 법적인 규제가 상대적으로 많다.

④ 기업 이해집단의 이해 조정문제가 제기될 수 있다.

9) 협동조합

협동조합(Cooperatives or Cooperation Society)은 자본주의 경제의 발전에 따라 발생한 약소지위자, 즉 소기업자·농민·근로자·소비대중이 그들의 경제상의 궁핍을 완화하고 극복하기 위하여 상호 부조적으로 협동하여 그 경제활동의 일부 또는 전체, 혹은 이와 관련하는 사업을 향상시킬 것을 목적으로 하는 비영리조직이다.

사회가 발전함에 따라 경쟁과 협동은 개인 간에서 점차 집단, 사회, 국가 간의 형태로 변하고 있다. 또한 오늘날에도 같은 집단, 사회, 국가 내에서 상호간의 협동이 강조되고 있으며, 어느 사회에서도 경쟁과 협동은 항상 양립되어 존재한다고 할 수 있다. 그러므로 협동조합의 본질을 이해하는 데에는 여러 가지 접근방법이 있다. 협동조합의 원리나 운영원칙, 기본요건을 인식하는 것이 중요하며, 이러한 점은 협동조합을 이해하는데 매우 중요하다.

협동조합의 기원은 1844년 영국에서 설립된 로치데일(Rochdale)의 소비조합이다. 산업혁명의 진행에 따라 급속히 발전한 대기업은 약소생산자와 소비자를 압박하기 시작했으며, 그 결과 비참한 환경에 처하게 된 공장직공들로 구성된 협동조합이 발생하게 되었다. 즉 영국의 신흥공업도시인 랭카셔(Lancashire)의 로치데일에서 28명의 방직공들에 의해 설립된, 이른바 로치데일 소비조합(Society of Equitable Pioneers)이 바로 그것이다.

이들은 상호부조와 협동정신으로 공동출자에 의해 생활필수품을 될 수 있는 대로 값싸게 구입하기 위하여 소비조합을 만들었으며, 점차 이 제도는 독일과 프랑스에도 보급되어 프랑스에는 생산조합, 독일에서는 신용조합의 형태로 발생되었다.

협동조합은 다른 일반기업과는 달리 다음과 같은 원칙에 의하여 운영된다.

① 협동조합은 소비자와 소생산자 등의 경제적 약ㆍ소자들이 운영하는 조합이며, 조합 자체의 영리보다도 조합원들의 상호부조를 목적으로 한다.

② 조합원들의 임의가입ㆍ탈퇴가 인정되고 각 조합원들은 출자액에 관계없이 평등한 의결권이 부여된다. 따라서 협동조합은 민주적으로 지배되는 조합이다.

③ 경제적 사업을 영위하지만 영리를 위한 것이 아니고 조합원들의 편익제공과 이용을 목적으로 한다. 그리고 조합의 잉여금이 생긴 경우에 그 배분은 원칙적으로 조합원의 이용도에 비례하여 행한다.

요컨대, 협동조합은

① 협동주의 또는 상호부조주의

② 민주주의

③ 이용주의를 원칙으로 하며, 이것이 협동조합의 큰 특징이다.

10) 협동조합의 형태

우리나라에서는 협동조합의 형태로 농업협동조합, 수산업협동조합, 중소기업협동조합, 축산업협동조합, 신용협동조합 및 마을금고 등이 있다.

① 농업협동조합

1876년 강화도 수호조약 이후 우리나라는 쇄국정책에서 벗어났고, 그에 따라 자본주의가 들어오기 시작하자 자본주의 사회에서 경제적으로 불리한 위치에 있는 농민, 근로자, 중소생산업자들이 자주적인 경제단체를 조직하여 불이익을 배제하고 경제적·사회적 지위의 향상을 얻고자 하는 운동이 일어났다. 일제하에서 그들은 식민지 정책의 효과적인 수행을 위하여 금융조합과 산업조합, 계통농회 등을 발전시켰다. 그러나 이른바 이들 관제조합 중에서 산업조합은 농업 진흥운동에 의해 1924년 완전히 해산되었고, 해방 후 농촌에는 금융조합과 이의 하부조직인 식산계, 농회가 남아 있었지만 이들을 진정한 의미의 농업협동조합이라고 보기에는 어려웠다.

이와같이 여러 면에 있어 협동조합 조직운동이 진전과 결실을 보지 못한 것은 농민의 조합에 대한 인식 부족과 당시의 생활 수준이 낮아 경제적인 기초가 없었기 때문인 것으로 풀이된다. 그 후 당국에는 실리를 얻기 위한 노력으로 국가지원을 위주로 농업협동조합의 발족을 이루게 되었다.

② 수산업협동조합

수산업협동조합도 농업협동조합과 마찬가지로 그 성립목적은 어민 및 수산제조업자들의 자주적인 협동조직을 촉진하여 그들의 경제적·사회적 지휘향상을 도모하고 수산업의 생산력을 증가함으로써 국민경제의 균형 있는 발전을 기하고자 하는 데에 두고 있다. 그러나 수산업협동조합 역시 정부의 적극적인 뒷받침을 얻어 생산되었고, 특히 경영 조직면에서는 농업협동조합에 비교가 안 될 만큼 취약한 상태에 있으므로 수산업협동조합이 정상적인 사업 활동을 하게 되기까지에는 많은 시간을 요할 것이다. 현재 수산업협동조합은 중앙회를 비롯하여각 도지부 및 수산제도·업종별어업·지구어업 협동조합이 연결되어 있으며, 이중 수산제조업조합은 수산제조업자로 구성되어 있어서 본질적으로 중소기업자이므로 업무의 중소기업 협동조합과 유사하다.

③ 중소기업협동조합

우리나라에는 중소기업협동조합이 탄생한 것은 1961년 12월이며, 다음과 같은 과정이 경과되었다. 즉, 1960년 정부는 상공부 공업국에 중소기업과를 신설하고 전국 62개의 공업단체를 총망라하여 중소기업 중앙단체 연합회를 창립한 바 있다.

한편 중소기업자금을 전담하는 기관으로서는 당시 농업은행의 본부였던 도시지점 28개소를 분리하여 중소기업은행을 설립하려 하였다가 뜻을 이루지 못하였는데, 이는 1961년 8월에 와서야 이루어져 은행이 창립되었다. 그리고 동년 12월에는 중소기업 협동조합법이 제정 공포되어 각종 공업단체는 해체되고 중소기업협동조합이 생기게 된 것이다.

중소기업협동조합은 농업협동조합이나 수산업협동조합과는 달라서 중앙회는 구매, 판매, 신용, 생산, 이용, 가공 등의 기본사업기능은 가지고 있지 않고, 다만 조합 및 연합회의 지도, 연락, 조사, 연구, 회원에 대한 교육과 정보의 제공, 보조금의 지원 및 알선 등을 맡고 있으며, 연합회는 모든 사업기능 가운데서 신용사업·공제사업·이용 사업만을 제외하고 있다.

2. 공기업

1) 공기업의 의의

공기업(Public Corporation)이란 국가나 지방공공단체가 법률에 의거하여 출자하고 직간접으로 경영하는 기업으로서, 공공 내지는 행정목적을 위한 조직체이다. 그러므로 공기업은 국가 또는 지방자치단체와 같은 공공단체에서 재정상의 수입을 목적으로 하거나, 독점에 의한 폐해를 방지하기 위한다거나 또는 사회정책상의 견지에서 출자하고 운영, 지배하는 기업이다.

공기업은 다음과 같은 목적으로 설립, 운영된다.

첫째, 공기업은 경제정책상의 목적과 국민 복지를 목적으로 하여 설립, 운영하는 경우이다. 예를 들면, 전기·수도·가스 및 철도사업과 같이 독점의 폐해를 방지하기 위해서 설립 운영하는 것들이 있다.

둘째, 사회정책상의 목적을 달성하기 위해서 설립, 운영하는 경우이다. 예를 들면, 국민대중의 생활안정과 실업의 구제 및 국민보건을 위해서 설립, 운영되는 것으로서 재형저축, 간이생명보험, 각종사회보험, 주택사업, 공영전당포, 구호병원, 시도립병원, 간이매장 등이 있다.

셋째, 재정상의 목적을 달성하기 위해서 설립, 운영하는 경우이다. 국가 또는 지방공공단체가 재정상의 수입을 목적으로 사기업으로 경영하지 못하도록 독점해서 운영하는 담배, 소금, 인삼과 같은 전매사업 등이 있다.

2) 공기업의 장·단점

공기업은 그 종류에 따라 비교적 사기업과 비슷한 것도 있으나 국가 또는 공공단체에 의하여 설립되고 지배, 운영되는 기업형태이다.

〈표 1-4〉 공기업의 장·단점

장점	단점
공기업은 국가 또는 공공단체에 의해 설립·지배·운영되므로 금융능력이 사기업에 비해서 월등하게 크다.	정치적 인사행정으로 능력과 상관없이 임명되어 비합리적 경영의 요인이 될 수 있다.
공기업은 조세, 기타 공과금의 부담을 감면받을 수 있다. 즉, 공기업은 국가 정책상의 목적, 재정 정책상의 목적, 사회 정책상의 목적으로 설립·운영되므로 조세 및 공과금을 감면받는 경우가 많다.	경영능력의 저하 가능성이 많아 관료주의의 역기능이 발생하기 쉽다.
시설재 도입, 원자재 배정, 생산제품과 서비스의 판매에 있어서 우대를 받는 경우가 많다.	국가 또는 지방자치단체의 법령이나 예산에 의해 구속받음으로써 경영활동에 기민성을 발휘할 수 없다.
적자발생시 국가 또는 지방자치단체로부터 재정지원을 받을 수 있다.	불필요한 시설확장, 원자재 구입, 인력채용 등으로 낭비적인 경영가능성이 많다.
	행정기관으로부터의 회계감사와 업무감사 등으로 보고사무의 번잡으로 인하여 경영능률이 떨어진다.

3. 공사혼합기업

공사혼합기업(Mixed Undertaking)은 국가기관과 개인이 공동으로 출자하여 경영관리 및 경영상의 책임을 부담하는 기업형태이다. 즉, 공공적 성질이 강한 사업을 사기업으로 경영하는 것이 적당하지 않을 경우에 공사가 함께 설립해서 경영하는 기업형태이다.

이러한 공사혼합기업이 설립되는 경우는 다음과 같다.

① 국가 또는 공공단체가 일반개인과 공동으로 출자하여 사업을 신설하는 경우

② 국가 또는 공공단체가 기존의 사기업에 일부를 투자하여 경영에 참여하는 경우

③ 일반개인이 기존의 공기업에 출자하여 그 지배경영에 관여하는 경우

④ 기존의 공기업과 사기업이 합동하는 경우

이러한 공사혼합기업도 일반적으로 주식회사의 법률형태를 취하고 있는 기업형태가 많다.

제3장

경영과 경영자

1 경영의 정의

경영이란 효율적으로 조직의 목표를 달성하기 위하여 조직이 지닌 제 자원을 계획수립, 조직화, 지휘, 통제 관리하는 과정이다. (관리과정 : Management Process)

2 경영의 목표

일반적으로 경영의 목표를 규정하는 의미로는 향상된 품질의 제품을 보다 저렴한 가격으로 생산하여 소비자에게 만족을 주고 소유주인 주주들에게 적절한 이익이 돌아가도록 관리하는 것이다.

① 소비자 봉사

② 종사원들의 경제적 안정

③ 지역사회에 대한 봉사

④ 정부규제의 준수

⑤ 윤리적 기업행동

⑥ 소유주 이익 창출

3 경영자의 유형과 역할

〈1〉 경영자의 개념

경영자는 조직의 목표달성을 위해 조직내부의 제 자원(유형자원, 무형자원, 인적자원, 물적 자원, 재무자원, 정보자원 등)을 관리하는 사람을 말한다.

현대 경영학에서 정의하는 경영자는 기업가, 통제자, 지배자, 명령자의 개념을 넘어선다. 경영자는 조직 내부의 구성원 뿐만 아니라 외부 이해관계자들과의 상호작용 속에서 제품과 서비스를 통하여 공유가치를 확산하고 지속적으로 경쟁우위를 확보해야 하는 주체로 의사결정자, 협상자, 조정자, 촉진자 등의 용어들이 경영자를 규정하는데 활용되고 있다

기업경영에서 경영자의 중요성은 아무리 강조하여도 지나치지 않다. 왜냐하면 현재 우리나라 기업들의 경우 첨단사업을 제외하고는 기술이나 제품의 품질면에서 실질적인 차이를 찾아보기가 거의 어렵다.

그런데 기업마다 경쟁력의 차이를 가져오는 가장 중요한 요인들 중의 하나는 아마도 기업이 보유하고 있는 인적자원의 질과 양에 달려 있다고 해도 과언이 아닐 것이다. 특히 경영자집단은 기업이 보유하고 있는 인적자원(관리자, 종업원)과 물적자원, 기술자원 등을 관리하여 기업의 목적을 달성하려고 노력하기 때문에 대단히 중요하다.

경영자의 유형은 소유와 경영 관계에 따른 분류와 경영계층에 따른 분류의 두 가지로 나누어 살펴볼 수 있다.

〈2〉 소유와 경영 관계에 따른 경영자 유형

소유와 경영의 분리 상황에 따라 경영자 유형을 분류해 보면 소유경영자, 고용경영자, 전문경영자로 구분할 수 있다.

1) 소유경영자

소유경영자(Owner Manager)란 자기 자신의 이익이나 목적을 추구하기 위해 기업을 설립하여 그 기업에 자본을 출자하고 직접 기업을 경영하며, 손익에 대한 책

임과 의무를 직접 수행하는 경영자를 말한다. 소유경영자는 소유권과 경영권을 모두 보유하고 있기 때문에 기업가(Entrepreneur)라고 하기도 한다.

일반적으로 출자자가 직접 경영에 관한 모든 의사결정과 지휘 감독을 하는 소유경영자는 소유와 경영이 미분화된 상태로서 개인기업이나 영세한 소규모기업에서 흔히 나타날 수 있는 경영자 상황이라고 할 수 있다.

그런데, 오늘날에는 창업자 내지 기업가의 중요성이 더욱 중요시되어 가는 현상도 없지 않다. 예컨대 애플 컴퓨터의 스티브 잡스(Steve Jobs)는 21살의 나이에 자기 집의 창고에서 8피트 퍼스널 컴퓨터를 만들어 팔기 시작했는데, 그러던 것이 오늘날 매킨토시로 대표되는 애플 컴퓨터사의 대표 자리에 오르게 된 것이다.

보통 규모가 작은 중소기업에서는 제품이나 서비스의 직접 제공자로서 경영자가 직접 소유·운영하는 경우가 많으며, 우리나라의 경우 대규모 기업에서도 대주주 내지는 소유주가 직접 기업경영을 담당하는 경우가 많이 있다.

2) 고용경영자

기업의 규모가 점차 커지고 경영 활동이 점차 복잡해짐에 따라 1인 경영체제에 한계를 느끼는 소유경영자는 경영기능의 일부를 고용경영자에게 위임하게 된다.

고용경영자(Hired Manager)란 기업가의 대리인으로서 경영기능의 일부를 위임받아 기업을 경영하는 사람을 말한다. 고용경영자는 출자자인 기업가의 이익과 경영방침을 충실하게 대변하는 고용된 중역이며, 기업가의 대리인으로서 경영업무를 담당하게 된다. 고용경영자는 주로 개인기업과 가족운영 형태의 기업에서 흔히 찾아볼 수 있다.

우리나라의 경우 기업주는 경영자의 전문적 능력보다는 소유경영자와 관련된 혈연이나 지연, 학연, 충성심 등에 기초하여 고용경영자를 고용하는 경우가있다.

3) 전문경영자

기업이 대규모화되고 경영활동이 고도로 복잡해지며, 주주의 무기능화가 촉진되면 소유경영자가 고용경영자가 아닌 전문경영자에 의한 과학적이고 합리적인 경영

활동이 필요하게 된다.

전문경영자(Professional Manager)란 기업경영 전반에 걸쳐 전문적 식견과 기업관리능력 및 전문가적 자질을 보유하고 있는 사람으로서 소유권자(주주)로부터 경영권을 위탁받아 실질적으로 기업을 경영하는 사람을 말한다. 고도의 전문적 지식과 의사결정능력을 가진 전문경영자는 소유와 경영 또는 소유와 지배의 분리를 전제로 하여 소유와 출자를 관계없이 경영활동상의 모든 기능을 독립적으로 수행함과 동시에 책임경영을 하게 된다.

예컨대, 애플 컴퓨터의 스티브잡스(Steve Jobs)는 직접 사장자리에 올라 기업경영을 담당하여 왔으나 기업규모가 확대되고 경영내용이 복잡해짐에 따라 엔지니어인 자신은 연구개발(R&D) 분야에 집중적으로 시간을 투자하기 위해 팹시콜라사(社) 의 사장인 존 스컬리(John Scully)를 전문경영자로 영입하였다.

〈표 1-5〉에는 소유와 경영의 분리에 따른 경영자유형을 비교해주고 있다.

〈표 1-5〉 소유와 경영의 분리에 따른 경영자유형

경영자유형	소유와 경영의 분리상황	
소유경영자	소유와 경영의 미분리	소유 = 경영
고용경영자	소유와 경영의 형식적 분리	소유 ≅ 경영
전문경영자	소유와 경영의 실질적 분리	소유 ≠ 경영

〈3〉 경영계층에 따른 경영자유형

경영계층을 형성하고 있는 경영자의 유형은 일반적으로 그 위계수준에 따라 최고경영층, 중간경영층, 하위경영층으로 구분된다.

1) 최고경영층

최고경영층(Top Management)은 기업 전반에 걸쳐 장기적이고 거시적이며, 전략적인 의사결정을 내리는 가장 핵심적인 경영층으로서, 수탁기능, 전반경영기능, 최고인사기능, 조직기능 등을 수행하는 계층이다. 기업의 회장이나 사장, 이사급에 해당 되는 경영층을 말한다.

2) 중간경영층

중간경영층(Middle Management)은 최고경영층을 보좌하고 최고경영층이 설정한 경영목표나 전략을 집행하며, 하위감독자를 지휘, 감독하는 기능을 수행한다. 중간관리자로서 상하간의 커뮤니케이션 또는 연결핀(Linking Pin) 기능과 부문 간의 상호조정기능, 자기 부문의 종합조정자 역할을 수행하며, 부하들을 감독, 지휘, 교육 기능을 수행한다.

기업의 부장이나 차장, 실장, 국장, 과장급에 속하는 경영층을 말한다. 그리고 경영보다 하위적인 개념이라 할 수 있는 관리기능을 수행한다는 측면에서 흔히 '중간 관리층' 또는 '부문 관리층'이라고 칭한다.

3) 하위경영층

하위경영층(Low Management)은 '하위 감독층'이라고도 하는데, 중간경영층의 지시를 받고, 보고할 의무를 가지며, 일상적이고 단기적인 업무에 대하여 현장의 작업자나 일반 사무원들을 지휘, 감독하는 계층을 말한다. 생산현장의 반장이나 조장, 직장(Foreman), 사무직의 계장이나 대리급에 속하는 계층을 말한다.

〈4〉 최고 경영자의 역할

경영자는 경영 활동의 주체로서 기업의 경영목표를 달성하기 위해 기업이 가용한 인적·물적 자원을 최적의 상태로 활용하면서 계획, 조직, 충원, 지휘, 조정, 통제하는 등의 경영관리 활동을 기본적으로 수행하게 된다. 그러나 외부환경과 교류하는 개방시스템으로서의 기업을 운영하는 경영(관리)자는 실제상 관리직능상의 경영관리활동 이상의 어떤 직무나 역할을 수행해야 할 것이다.

민츠버그(H. Mintzberg)는 경영자들의 실제로 수행하는 직무(Job)를 토대로 하여 경영자의 역할을 규명하고자 관찰법으로 실증적 연구를 실시한 결과, 모든 계층의 경영자는 그들에게 주어진 공식적 권한과 지위를 통해 대인적 역할과 정보적 역할, 의사결정적 역할 등 크게 세 가지 범주의 역할을 수행한다고 주장하였다.[2]

1) 대인적 역할

대인적 역할(Interpersonal Role)은 경영자가 기업이나 조직의 대표자로서, 리더로서, 섭외자로서의 역할을 수행하는 것을 말한다.

① 대표자로서 역할(Figurehead Role)

경영자는 조직 또는 하위조직의 장으로서의 공식적인 권한을 가지는 바, 법적·사회적 성격을 지닌 어떤 상징적 직무를 수행해야 한다. 이러한 직무에는 서류결제, 의례나 의식에의 참가, 공식적인 내방객 접견 등의 일이 포함된다.

② 리더로서의 역할(Leader Role)

조직의 리더로서 경영자는 조직의 기본적인 목적을 달성하기 위해 조직의 구성요소들이 전체적, 통합적으로 운영될 수 있도록 해야 할 책임이 있다. 따라서 경영자는 하위자들에게 방향을 제시해주고 구성원들의 동기유발을 최대화하며 직무수행에 적합한 환경을 만들어 주어야 한다. 리더의 역할로는 조직 구성원을 채용, 훈련, 지휘, 보상, 승진, 해고 등의 역할이 포함된다.

③ 섭외자로서의 역할(Liaison Role)

경영자는 조직 외부의 사람이나 집단과 여러 가지 관계를 맺고 유지하는 행동이 포함된다. 섭외자 역할의 본질은 새로운 접촉을 갖고 그러한 접촉을 계속 유지함으로써 상대방의 지지를 확보하는 것이다.

---

2 H. Mintzberg, "The Manager's Job : Folklore and Fact," Harvard Business Review, (July–August 1975).

2) 정보탐색 및 조직내 전파 역할

정보적 역할(Informational Role)은 경영자가 정보를 수집하는 모니터로서, 또 수집된 정보를 조직내에 보급하는 전파자로서 역할을 말한다.

① 정보 탐색자로서의 역할(Monitor Role)

경영자는 올바른 의사결정을 위해 정보를 필요로 하며, 다양한 경로를 통해 끊임없이 정보를 수집한다. 이를 위한 활동으로는 보고서와 메모를 읽는 일, 회의나 브리핑에 참석, 현장 시찰 등이 포함된다.

② 정보 전파자로서의 역할(Disseminator Role)

경영자는 조직 내외부로부터 수집된 정보를 조직 구성원들에게 전파하는 역할을 한다. 어떤 정보는 있는 그대로, 또 어떤 정보는 해설 자료를 첨부해서 함께 전달한다.

3) 의사 결정자 역할

의사 결정적 역할(Decision Role)은 경영자가 기업경영에 책임을 지는 기업가로서, 가용자원의 배분자로서, 혼란 수습자로서, 대내외 협상자로서의 역할을 수행함을 말한다.

① 기업가로서의 역할(Entrepreneur Role)

조직이나 조직부서의 경영자는 기업의 발전과 기존상황을 개선할 기회를 포착하기 위해 필요한 변화를 시도한다. 그러한 변화는 신제품 개발, 신장비 구입, 조직구조 재정비 등의 형태로 나타난다.

② 혼란 수습자로서의 역할(Disturbance Handler Role)

경영자는 노사분규나 계약위반사항 등 각종 위기상황에 대하여 적극적으로 대처하여 그 해결책을 강구한다. 즉, 예외적으로 발생하는 문제들을 해결하고 수

습하는데 많은 시간을 할애한다.

③ 자원 배분자로서의 역할(Resource Allocator Role)

경영자는 기업의 자금, 인력, 자재, 장비, 설비, 등의 자원을 배분할 수 있는 권한을 가진다. 이로써 경영자는 자원배분과 관련한 전략적 통제력을 유지하고 하위자들의 활동을 조정 · 통합한다.

④ 협상자로서의 역할(Negotiator Role)

경영자는 조직 내외의 제반 갈등문제를 원만히 해결하기 위한 대내외 협상자로서의 역할을 수행한다. 경쟁사와의 분쟁이나 노조 대표자들과의 견해차이, 공급계약 등의 문제를 해결하기 위한 역할을 말한다.

연구결과, 민츠버그는 경영자들은 전통적으로 그 본연의 직능으로 인식해온 계획, 조직, 지휘, 통제 등의 역할을 수행하기보다는 실제상으로는 대인적, 정보적, 의사결정적 역할을 주로 수행하고 있다고 주장하였다. 그의 연구가 최고경영자를 대상으로 한 것이기 때문에 그 결과가 모든 계층의 경영자들의 일반적 활동을 나타낸다고 보기에는 다소 무리가 있다 하더라도 경영자의 역할범주로서 기본적인 경영관리직능을 포함하여 대인적, 정보적, 의사 결정적 역할의 중요성은 결코 간과해서는 안될 것이다.

베이커리 산업

제과제빵의 역사

제1절
제과제빵의 역사

1 제과제빵의 역사

음식의 역사는 인류의 생존과 더불어 시작되었으며 빵·과자의 기원은 '인류의 농경생활과 더불어 시작되었다'고 한다. 그 당시의 빵은 무발효빵으로 현재 우리가 분류하고 있는 빵과 과자의 개념 이전의 식품차원이었다.

B.C. 6000~4000년경 이란 평원의 야생 소맥을 으깨서 물로 반죽한 음식이라는 점에서 오늘날의 과자에 해당되지만 우연한 기회에 야생효모가 혼입되어 발효 빵이 만들어지게 된 것이라고 한다.

야생 밀은 이란과 카스피해 지방에서부터 재배되어 티그리스강과 유프라테스강 연안에 발달한 메소포타미아 문명에서 전래되고, 고대 이집트에서는 대량 생산과 제분이 발달되었다. 이집트의 제분은 인력에 의해 밀을 부수는 형식의 원시적인 방법이었지만 로마시대 제분법의 기초가 되었으며, 이러한 것은 카이로 박물관에 있는 벽화에서도 찾아볼 수 있다.

그리스 시대에는 제과기술이 더욱 발달되고 그 종류도 다양해져서 이미 80~90종에 이르는 빵·과자를 제조하게 되었고, 로마제국에 계승된 과자는 경제력과 종교의식을 바탕으로 크게 발전하였다. 이때에 비로소 현대 과자의 원형이 되는 제품들이 만들어졌으며 아이스크림의 기초인 샤베트의 원형도 선보이게 되었다.

B.C.2700년경에는 이집트로부터 앗시리아, 바빌로니아를 거쳐 그리스로 보급된 후, 상품성 있는 제품으로 전환되기 시작한 것은 B.C.1200년경이었으며, B.C.200년경에 로마에는 이미 빵산업 조합이 조직되었다는 기록이 있다.

빵·과자 제조법은 로마로부터 오스트리아의 수도(원)를 거쳐 독일로 들어가 북상하여 게르만 민족에 전파되고, 다른 하나는 서진하여 프랑스로 들어갔다. 후에 오스트리아로부터 직접 프랑스와 덴마크로 전래된 것은 제빵기술과 더불어 고급과자 제조방법이 아주 발달했던 곳이 오스트리아 수도원이기 때문이다.

중세기에 이르러 유럽의 문예부흥과 더불어 과자도 대중화되어 주식인 빵과 구분되는 기호 식품으로서 과자를 파는 전문점과 전문 직업인이 늘어나기 시작하고 과자 빵류가 정착되기 시작한 것은 16~17세기였다.

유럽의 과자는 1500년대 아메리칸 신대륙 발견 이후 커피, 코코아, 설탕 등이 도입되면서 그 품종과 기법이 크게 발전하였다.

2 우리나라 제과제빵의 역사

우리나라는 약 140여 년 전인 1880년대에 정동 구락부에서 빵을 '면포'라 하고 카스텔라를 '설고'라 하여 처음으로 선보인 것을 시작으로 고급 과자류가 수입 판매되었다. 이후 우리나라 사람과 일본인들이 빵·과자를 제조해서 파는 과자점이 서울, 부산, 대구, 광주 등 대도시에 생겨났고 1945년 이후에 본격적으로 발전 해왔다.

1945년 이전까지를 우리나라 제조업의 태동기라 한다면 이후 1971년까지 2차 5개년 경제 개발 계획에 힘입어 자체제조, 자체판매의 형식을 갖춘 과자점의 수가 늘고, 대량 생산업체인 삼립식품, 서울식품, 샤니 등이 1968년부터 1972년에 걸쳐 차례로 설립되어 제과, 제빵산업 발전의 기폭제가 되었고 이 시기를 소년기라 할 수 있다.

1972년부터 정부의 분식장려 정책과 더불어 경제수준의 향상으로 식품으로서의 빵·과자 지위가 높아져 대량 생산업체의 발전 속도가 가속화 되었으며 뉴욕제과, 고려당, 독일 빵집 등 유명 과자점도 지점자체를 갖추게 되었다.

1980~2000년대 들어서는 86 아시안게임, 88 서울올림픽, 2002월드컵과 같은 국제적 행사유치로 대형호텔이 국내에 건립되면서 호텔에서 델리숍을 직접 운영하며 소비자들에게 한층 가까이 다가가서 제품을 판매하기 시작하였다. 또한 외국의 유명 패스트푸드(Fast Food)도 활발하게 상륙하는가 하면 대형할인점들이 많이 늘어나 할인점내에 운영하는 베이커리들이 많이 등장하게 되어 제과제빵 산업이 활기를 띠기 시작하였다.

2000년도 이후에는 소비자들의 소득증가와 더불어 생활패턴의 변화, 고객니즈의 다양화, 위생관념에 대한 욕구가 뚜렷이 나타나며 베이커리업계에도 많은 변화를 가져오게 되었다. 2010년 이후에도 베이커리 산업은 발전하며 제품의 다양화, 전문화와 함께 베이커리카페 형태로 전환하는 베이커리들이 많았으며 대기업과 소규모 점포간 양극화 현상은 더욱더 뚜렷하게 나타났다.

제2장

국내 베이커리 산업현황

제1절

국내 베이커리 현황

1 베이커리 산업의 특징

〈1〉 노동집약 산업

베이커리 산업은 생산과 판매에 있어 자동화의 한계와 1인당 매출액이 타 산업에 비하여 낮은 편이고 인적 의존성이 높은 노동집약적 산업이다.

〈2〉 고객 수요 예측의 불확실성

베이커리 산업은 정치 · 경제 · 사회 뿐만 아니라 각종 행사(크리스마스), 날씨 등에 따라 방문 고객의 수가 달라지므로 식자재관리나 판매에 대한 정확한 수요예측이 어렵다.

〈3〉 상품의 부패성

베이커리 산업에서 식재료와 상품은 보존방법이나 기간이 까다롭고 짧아서 관리를 소홀히 하게 되면 부패의 위험성이 매우 높아 비용지출이 따르고 또한 남는 제품을 재활용 할 수 없기 때문에 재고관리가 어렵다.

〈4〉 입지 의존성 높음

베이커리 상품은 고객이 직접 방문하여 구매하는 특성상 타 산업에 비하여 입지의존성이 높다. 즉 고객의 이동이 많거나 번화가 상권이 영업상 매출을 올리기에 유리하다

〈5〉 신규참여 용이성과 영세성

베이커리 산업은 다른 산업에 비하여 적은 자본과 특별한 기술 없이 누구나 참여할 수 있는 산업이며 영세한 업체들이 많다.

〈6〉 높은 이직률

얼마 전까지만 해도 3D업종으로 불릴 만큼 근무하기 힘든 업종의 하나로 인식되어 취업을 꺼리고 또한 기존 취업자들도 이직률이 타 산업에 비하여 높은 편이었다. 그러나 자본력 있는 대기업들과 호텔 베이커리 산업진출은 베이커리 산업에 대한 사회적 인식을 많이 달라지게 하였다. 그러나 업무의 특성상 노동력을 바탕으로 하는 업무이기에 다른 산업에 비하여 이직률은 높은 편이다.

〈7〉 기술(능)을 필요로 하는 전문 직업

제과제빵은 이론과 실무능력을 요구하는 직업으로 특히 제과제빵과 관련된 다양한 기술을 필요로 하는 직업이다.

2 베이커리 산업의 내 · 외부 환경요인

베이커리 산업은 다른 산업에 비하여 생산과 판매의 기술적인 면에서 매우 복잡한 산업이다. 특히 우리의 일상생활과 밀접한 관련을 맺고 있는 관계로 외부적 · 내부적

환경요인들의 변화가 많은 영향을 미치게 된다. 따라서 베이커리 산업이 미치는 환경요인들을 제대로 파악하면 실패를 사전에 방지하여 성공적인 경영을 할 수 있다.

〈1〉 외부 환경요인

외부적 요인은 베이커리 산업에서 직면하게 되는 가장 중요한 문제 중의 하나이다. 정치, 경제, 사회, 문화 등 전반적인 부분의 외부적인 요인들이 사업체 외부에서 발생하여 경영자가 경영에 나타난 문제들을 적절히 해결하지 못하도록 방해하기도 한다.

1) 정치적 요인
① 정부의 규제 : 원산지 표시 및 영양성분표시 의무화, 식품위생법강화, 위해업소 신고 포상제도 등
② 과세정책의 변화

2) 경제적 요인
① 국내 경기상황 : 국내 경기상황에 따라 베이커리 산업은 직·간접적으로 영향을 받는다. 즉 경기가 활성화되면 베이커리 산업도 활성화되고 경기가 어려워지면 베이커리 산업도 어려워진다.
② 물가 : 식재료비, 임대료 등에 따라 영향을 받는다.

3) 사회·문화적요인
① 인구분포의 변화
② 고객층의 다양한 욕구
③ 핵가족화
④ 식습관의 서구화

4) 자연적 요인
자연적인 요인으로는 사스, 코로나바이러스19와 같은 재해는 베이커리업계에

직 · 간접적으로 영향을 줄 수 있다.

〈2〉 내부 환경요인

내부적 요인은 주로 업소 내부에서 비롯되는 것이 대부분으로 때로는 사소한 것들이지만 경영상 직접적인 영향을 미치는 부문으로 매우 중요한 부분이다.

1) 상품과 관련된 요인
① 식재료 재고관리나 상품관리
② 음식물 쓰레기 처리문제
③ 상품의 품질관리

2) 인적자원과 관련된 문제
① 직원들의 모집, 채용, 교육, 훈련, 사후관리 등
② 직원들의 복리후생, 처우 문제

3) 작업환경 및 시설물, 장비관련
① 생산 및 판매시설의 합리적 배치
② 각종 장비 및 도구의 적정구비와 관리

제2절

국내 베이커리(Bakery) 업계의 현황

1 프랜차이즈 베이커리(Franchise Bakery)

1. 프랜차이즈 개요

프랜차이즈는 1850년대 미국의 서부개척시대부터 유래된 판매제도로서 근래에 전 세계에 보급된 일종의 경영방식이며 소매업에서 주로 이용되어왔다. 특히 유통산업과 베이커리 산업에서 도입함으로써 획기적인 판매시스템으로 등장하면서 마케팅전략에 일대 혁신을 가져왔다.

근세 프랜차이즈 개념을 최초로 도입한 회사는 미국에서 1851년부터 재봉틀을 제조한 싱거사가 자사제품의 판매를 위한 자본 확보를 위해 시작했으며, 19세기 말경 제너럴 모터스사가 자동차 소매 아울렛 확보를 위해 자본조달 측면에서 프랜차이즈 개념을 도입했었다. 그 후 1950년대 맥도날드, KFC 등의 패스트푸드 업체의 등장으로 베이커리 프랜차이즈가 본격화 되면서 프랜차이즈의 전 세계적인 확산이 계속되어 왔다.

한편 미국 프랜차이즈 연구가인 카슈는 프랜차이즈 사업이란 '본부가 사업경영을 위한 면허상의 특권을 주고 가맹자로부터 받는 대가의 반대급부로서 조직의 편성, 훈련, 판매, 경영에 관하여 원조하는 계속적인 관계를 말한다.' 라고 정의하고 있다.

일본 프랜차이즈 연구가인 히비야(Hibiya)는 '프랜차이즈 시스템이란 본부와 다수의 가맹점이 서로 같이 본부의 기업이념에 의한 공동운명체를 형성한다는 자각 아래 하나의 기업집단을 형성하고, 본부는 그가 갖고 있는 상품·서비스·상호·상표·기타 경영상의 특권을 허가할 뿐만 아니라 그 사업의 성공을 위하여 계속적으로 지도·지원하고 이에 대하여 가맹점은 일정한 대가를 지급하며, 또한 본부가 지도하는 집단으로서의 통일성을 유지하면서 가맹점 상호간에 좋은 영향을 주면서 궁극적으로 소비자에게 보다 좋은 봉사를 할 수 있도록 사업을 경영하는 시스템을 말한다.”고 정의하였다.

국제 프랜차이즈협회(IFA : International Franchise Association)에서는 '프랜차이즈 시스템이란 본부가 가맹자에 대하여 일정한 보수의 대가로써 사업 활동을 행하는 권리를 부여하는 면허를 준비하는 것이며 또한, 조직, 교육훈련, 머천다이징, 경영관리 등에 관한 계속적인 관계이다' 라고 말하고 있다. 이상의 정의들을 정리하면 〈표 2-1〉과 같다.

〈표 2-1〉 프랜차이즈의 정의

카슈	본부가 사업경영을 위한 면허상의 특권을 주고 가맹자로부터 받는 대가의 반대급부로서 조직의 편성, 훈련, 판매, 경영에 관하여 원조하는 계속적인 관계
히비야	프랜차이즈 시스템이란 본부와 다수의 가맹점이 서로 같이 본부의 기업이념에 의한 공동운명체를 형성한다는 자각 아래 하나의 기업집단을 형성하고, 본부는 그가 갖고 있는 상품 · 서비스 · 상호 · 상표 · 기타 경영상의 특권을 허가할 뿐만 아니라 그 사업의 성공을 위하여 계속적으로 지도 · 지원하고 이에 대하여 가맹점은 일정한 대가를 지급하며, 또한 본부가 지도하는 집단으로서의 통일성을 유지하면서 가맹점 상호간에 좋은 영향을 주면서 궁극적으로 소비자에게 보다 좋은 봉사를 할 수 있도록 사업을 경영하는 시스템
IFA	프랜차이즈 시스템이란 본부가 가맹자에 대하여 일정한 보수의 대가로써 사업 활동을 행하는 권리를 부여하는 면허를 준비하는 것이며, 조직, 교육훈련, 머천다이징, 경영관리 등에 관한 계속적인 관계

이와 같이 프랜차이즈 시스템을 종합적으로 정리하면, 상품유통이나 패키지사업을 판매하는 프랜차이저(Franchisor : 체인본사 혹은 본부)와 실제 소매점영업을 하거나 가맹점을 운영하는 프랜차이지(Franchisee : 소매점 혹은 가맹점)가 있으며, 일정한 계약에 의해 공동의 사업목표를 달성하기 위한 지속적인 관계유지로 요약될 수가 있다.

이러한 관점에서 프랜차이즈라 함은 일반적으로 베이커리 운영 중 가맹본부가 가맹사업자인 가맹점과 점포운영에 관한 계약을 체결하고, 본부의 상호, 상표, 기타 영업에 관한 운영방법이나 상품 제조상의 노하우(Know-how)를 제공하여 상품의 판매나 기타 영업행위와 관련된 행사권리를 부여하는 대신 가맹사업자는 일정한 대가를 본부에 지불 하고 사업에 필요한 자금을 투자하여 경영하는 일체의 비즈니스를 말한다.

2. 프랜차이즈 시스템의 특성

프랜차이즈 시스템이란 상호, 특허 상표, 노하우(Know-how)를 가진 자가 계약을 통해 다른 사람에게 상표의 사용권, 제품의 판매권, 기술 등을 제공하고 그 대가로 가맹금, 보증금, 로얄티 등을 받는 시스템을 말한다. 여기서 상호, 상표, 노하우(Know-how)등을 가진 자를 프랜차이저(Franchisor)라고 하는데 우리말로는 본부, 본사로 표현된다. 그리고 프랜차이저로부터 상호의 사용권, 제품의 판매권, 기술, 상권분석, 점포디스플레이, 관계자 훈련 및 교육지도 등을 제공받는 자를 프랜차이지(Fran chisee)라고 하는데 보통 가맹점으로 표현된다. 이러한 프랜차이즈 시스템의 특징은 자본을 달리하는 독립사업자 즉 본사와 가맹점이 서로 협력하는 형태이기 때문에 본사와 가맹점간에는 계약된 범위 내에서만 서로 간섭하거나 특정한 요구를 할 수 있다.

이처럼 프랜차이즈 시스템은 여러 독립된 사업자가 서로의 이익을 위하여 계약에 의하여 협력하는 판매제도로 본사는 큰 자본이 없어도 정보와 조직을 이용하여 독립소매점 및 대형 소매점에 대항할 수 있고, 가맹 주는 사업경험이 없어도 일정액의 자본금만 갖추면 쉽게 사업을 운영할 수 있는 첨단 마케팅의 한 분류이다.

반면에 이러한 이점을 이용한 사기성 계약이 빈번히 발생하여 사회적 물의를 일으킨 사례가 있으며, 경영능력 부족으로 인한 본사의 도산으로 가맹점이 피해를 입는 경우도 있다. 따라서 프랜차이즈 가맹점을 운영하고자하는 사람은 제공받을 수 있는 내용과 지불하는 액수 및 이와 관련된 계약 내용은 물론 본사의 경영철학, 지원관리능력, 상품 개발전략, 재무상태 등을 상세히 검토해야 한다.

3. 프랜차이즈 시스템의 효과

계약에 의한 유통 경로간 수직적 통합을 통해 상호이득을 도모하고자 하는 프랜차이즈 시스템의 효과는 다음과 같다.

〈1〉 본부(Franchisor)에 대한 효과

가맹점이 모든 것을 본부에 의지하려고만 한다면 그 본래의 의도와는 달리 오히려 유통시스템의 효율이 떨어지게 된다. 그러므로 프랜차이즈 계약의 결과 본부와 가맹점은 긍정적인 측면과 부정적인 측면을 동시에 가지게 된다. 그 두 가지를 정리해 보자면 아래와 같다.

1) 장점
① 자사의 직영점 설치에 비해 자본과 노력이 절약된다.
② 가맹점은 자기의 사업이므로 적극적 영업 활동을 기대할 수 있다.
③ 협동광고 등 규모의 이익 실현 여지가 많다.
④ 본부는 프랜차이즈 프로그램의 개발에 몰두할 수 있다.

2) 단점
① 계속적인 지원에 비용과 노력이 많이 소요된다.
② 가맹점이 본부에 대한 의존 경향이 높다.

〈2〉 가맹점(Franchisee)에 대한 효과

1) 장점
① 본부의 교육프로그램, 경영지도 등에 의해 그 사업에 경험이 부족하더라도 용이하게 적응할 수 있다.
② 처음부터 지명도가 높은 경영 활동이 이루어지므로 실패의 위험성이 적다.
③ 본부의 일괄적인 광고를 통해 영향력이 큰 판매촉진의 수행이 가능하다.
④ 제품의 품질에 대한 소비자들의 신뢰도가 높아 판매에 유리하다.
⑤ 본부가 기타 활동을 수행해주므로 판매에만 전념할 수 있다.

2) 단점
① 본부가 제공하는 서비스들은 경비 항목으로서 애매한 가치를 가진다.
② 가맹점 자체의 문제해결 능력이나 경영개선의 노력을 등한시한다.

③ 본부는 시스템 전체의 효과를 생각해서 정책을 계획. 실시하기 때문에 특정 가맹점의 실정에 맞지 않는 경우가 있다.

〈3〉 소비자에 대한 효과

한편 유통시스템이 프랜차이즈화 될 때 소비자들에 대한 효과도 다음과 같이 긍정적 측면과 부정적 측면으로 나눌 수 있다.

1) 장점

① 서비스제공의 수준이 상승된다.

② 본부에 의해 연구되고 표준화된 균질한 서비스와 상품을 언제, 어디에서도 공급 받을 수가 있다.

③ 유통과정에서 요구되는 비용이 낮게 산정되어 염가의 상품서비스를 제공받을 수 있다.

2) 단점

① 본부의 힘이 강력하게 작용하면 거래상 가맹점은 불리한 입장에 놓이게 되어 결과적으로 가격, 서비스 면에서 소비자에게 불이익을 가져다 줄 수 있다.

② 프랜차이즈 시스템을 악용하는 자가 생김으로써 거래상 부실이 일어나 서비스 를 받는 소비자에게도 나쁜 영향을 줄 수 있다.

③ 영업상 책임의 소재가 불분명하여 소비자들이 불만을 처리할 수 있는 창구가 불 명확 하다.

2 프랜차이저(Franchisor)와 프랜차이지(Franchisee)

〈1〉 프랜차이저의 기능

프랜차이즈 본사는 본사 자신과 가맹점을 위하여 해야하는 기능이 있다. 그러나 프랜차이즈 본사에서 다음에 설명하는 기능을 반드시 수행하고 있는 것은 아니며, 업종 및 본사와 가맹점과의 계약 관계 등에 따라 다르다.

　다음에 소개하는 통상적인 프랜차이즈 본사의 기능에 대한 내용은 프랜차이즈 가맹점을 운영하고자 하는 예비 경영자들이 프랜차이즈 본사를 선정할 때 판단의 기준으로 삼아야 할 중요한 사항으로 [그림 3-1]로 요약된다.

[그림 2-1] 프랜차이즈시스템 관계

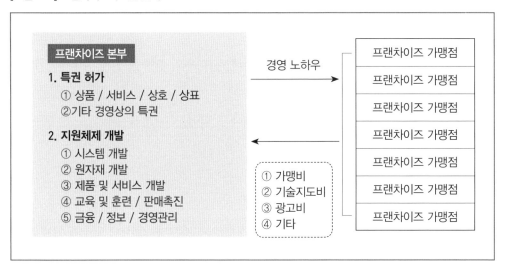

1) 시스템 개발

　본사의 가장 중요한 기능은 원자재 개발, 제품 및 서비스 개발, 교육 훈련, 지도, 판매촉진, 금융, 정보, 경영관리 등 개개의 기능을 유기적으로 통합하여 프랜차이즈 상품(일명 프랜차이즈 패키지라고 함)을 만들어 내는 일이다. 본사가 시스템을 개발하고 실행하기 위해서는 다음 사항에 특히 유의하여야 한다.

　① 본사에서 갖추어야 할 여러 기능을 어떻게 배분해야 하는지 그리고 각 기능과의 관계를 어떻게 구분할 것인지를 결정해야 한다.

　② 모든 상황에 따라 각 기능이 잘 발휘될 수 있도록 본사의 조직이 정비되어야 한다. 본사에서 가맹점을 지원할 때 개개의 기능을 어떠한 순서로, 어떠한 방법으로 제시할 것인가를 결정해야 한다.

③ 시장 환경의 변화, 본사 내부의 변화 등 상황변화에 따라 시스템 전체가 어떻게 대응하고 개개의 기능은 어떻게 변화시킬 것인지를 명확히 해 두어야 한다.

④ 본사에서는 시스템이 목표로 한 효과를 올리고 있는지를 평가하고 만약 효과를 못 올리고 있다면 원인을 발견해서 올바르게 개선해 나가야 한다.

2) 원자재 개발

경쟁력 있는 제품을 소비자에게 판매하려면 가격, 품질 등 여러 측면에서 원자재가 우수해야 하므로 본사에서는 우수한 원자재를 개발하여야 한다. 그러나 본사에서 직접 모든 원자재를 개발할 수 없으므로 제품과 관련이 크며 본사가 제조하기에 부담이 큰 1차 원자재는 외부로부터 공급받아 가공하거나 원자재 회사와 공동으로 개발하는 방법을 선택할 수 있는데 그 어느 경우건 본사는 원자재 개발에 있어서 나름대로의 독특한 기술적 수준을 유지할 수 있어야 한다. 프랜차이즈 시스템의 본사는 수시로 또 지속적으로 질 좋은 원자재를 각 가맹점에 공급해 주어야 하므로 합리적인 원자재 공급체계를 갖추어져야 한다.

3) 제품 및 서비스 개발

소비자가 선호하는 독창적인 제품과 서비스체계를 개발하여야 함은 프랜차이즈 시스템의 성공을 위한 제일의 조건이다. 경쟁업체가 없는 제품이나 서비스 체계를 갖추게 되면 우수한 가맹점을 확보할 수 있고, 가맹점 또한 많은 고객을 확보하게 됨으로써 안정된 경영이 가능하게 된다. 본사에서 개발하는 제품 및 서비스는 다음 4개항을 포함해야 한다.

① 경쟁업체보다 품질이 훨씬 우수하고 차별화된 새로운 제품을 만들어야 한다.

② 새로 만든 제품을 적절한 가격과 적절한 방법으로 가맹점에 제공해야 한다.

③ 경쟁업체와 차별화되어있는 주력 제품을 중심으로 운영하되 관련 있는 제품의 구색을 갖추어야 한다.

④ 소비자의 취향 및 기호 변화에 유의하여 품질, 제품구성, 제공 방법 등을 개선해 나가야 한다.

4) 교육 및 훈련

프랜차이즈 시스템에 있어서 교육 및 훈련은 주로 가맹점 경영자가 경영능력향상과 이익증대를 목적으로 하는 것이며, 특히 가맹점 경영자가 사업의 경험이 전혀 없는 경우 본사에서 실시하는 교육, 훈련의 내용과 질이 매우 중요하다.

본사에서 아무리 훌륭한 프랜차이즈 상품을 개발하더라도 소비자와 직접 접촉하는 것은 가맹점이므로 가맹점이 소비자에게 확실한 판매 활동과 서비스 활동을 실시하지 않으면 아무런 의미가 없다. 따라서 본사는 다음과 같은 교육, 훈련 체계를 갖추어야 한다.

① 상세한 교육 훈련의 내용과 방법이 담긴 교육 훈련 과정을 준비해야 한다.

② 가맹점이 되어 처음으로 영업을 하는 가맹점 경영자에 대해서 필요한 지식과 기술 등을 몸에 익히게 하는 과정이 있어야 한다.

③ 이미 가맹점이 되어 영업을 하고있는 가맹점 경영자에 대해서 수시로 필요한 지식과 기술 등을 가르쳐 주는 과정이 있어야 한다.

④ 기대한 만큼의 이익이 오르지 않는 가맹점 경영자를 대상으로 지식과 기술 등을 가르쳐주는 과정이 있어야 한다.

이러한 교육 훈련 과정에서 본사가 가맹점에 제공하는 지식과 기술은 본사의 이념, 상품 및 이에 관련된 지식, 상품의 제조기술, 고객에 대한 서비스, 상품 및 설비 기계 등의 관리, 위생관리, 생산관리 및 재무관리, 점포관리, 판매촉진 이용방법, 사고대처 및 처리 방법, 종업원관리, 수요예측 등이다.

5) 판매촉진

본사에서 지원해야 할 여러 가지 기능 가운데 한 가지인 판매촉진활동은 두 가지로 나눌 수 있다.

① 가맹조건에 포함되어 있는 판매촉진 지원활동 : 점포의 형태, 점포의 레이아웃, 간판, 진열대와 광고물, 통일된 색상유지 등 가맹점 개점과 동시에 지원되는 사항

② 가맹 조건과에 포함되어 있지 않는 판매촉진 지원활동 : 본사의 영업 전략과

가맹점의 수시 요구에 의하여 계속적으로 계획되고 실시되는 판촉활동 촉진 활동으로 시장 환경 변화에 대처하고 영업이익을 높이기 위한 목표와 계획에 의하여 이루어지게 된다.

즉, 본사에서 시행하는 판매촉진 활동은 가맹점의 경영이 계획대로 이루어지게 하고 프랜차이즈 시스템 전체의 이미지 상승을 꾀하거나 신제품을 보급 시키기 위한 목적으로 전개되는 것이다. 이와 같은 목적 아래 전개되는 판매촉진 활동의 수단으로는 TV, 신문, 라디오 등 대중매체를 이용한 광고, POP 광고와 같이 점포에서 이루어지는 광고, 특별상품이나 특가상품의 제공, 지역사회의 각종 행사에 협력, 사은행사 등을 들 수 있다.

6) 금융

본사가 가맹점에 대한 금융지원 기능을 갖는 것은 프랜차이즈 시스템의 원활한 운영을 위하여 매우 유용한 일이다. 가맹점이 자기자본으로 경영을 하는 것이 원칙이라 하더라도 프랜차이즈를 확장·강화해 나가기 위해서는 본사의 금융지원이 필요한 경우가 많다.

7) 정보제공

프랜차이즈 시스템 본사는 경쟁업체의 통합 및 가맹점의 경영과 영업 활동에 필요한 여러 가지 정보를 수집·처리하여 제공하여야 한다.

8) 경영관리

경영관리에서 가맹점은 당일의 매입과 매출 집계 등 최소한의 업무만을 수행하고 합리적인 사업운영을 위한 기타의 잡다한 업무는 본사가 일괄처리하는 방식을 택하는 것이 바람직하다. 이렇게 함으로써 경제 규모의 이익을 극대화하고 프랜차이즈 시스템 전체의 효율을 높일 수 있을 뿐만 아니라 모든 가맹점을 일관성 있게 관리할 수 있다. 본사에서 가맹점에 지원해야 할 사무관리는 매출 계산, 비용계산, 이익 계산, 급여계산, 보험처리 같은 업무이다.

⟨2⟩ 프랜차이저 선택 시 유의사항

1980년대 들어서면서 성장하기 시작한 프랜차이즈 업종 중에는 건실한 업체도 있지만, 비합리적인 사업운영, 관리능력 미비, 제품개발전략 부재 등 부실경영의 원인으로 도산하는 사례가 있으므로 본사 선택에 신중하여야 한다. 본사 선택 시 철저한 조사와 더불어 다음과 같은 사항에 세심한 주의를 필요로 한다.

① 가맹 희망 본사의 각 가맹점을 돌아보면서 손님들의 반응과 인테리어를 주의 깊게 관찰하고 기존 가맹점 경영자의 점포운영에 대한 경험담, 즉 개점에 필요한 총투자비, 본사에서의 가맹점 경영지원내용, 초기 사업 시기의 어려운 점, 특별한 점포운영 방법 등 전반적인 의견을 들어보는 것이 좋다.

② 체인 본사의 신용상태를 정확히 조사해 보아야 한다. 창업 이념은 무엇이며, 대표이사의 주요 경력은 어떠하고, 회사의 일반적 지명도는 어느 정도인지를 세심히 살핀다.

③ 상품 또는 원재료 공급시스템과 조직구성이 짜임새 있는지를 살펴보아야 한다. 상품이나 원재료를 미리미리 확보해 두는 것도 필요하겠지만, 때로는 예상치 못한 상황에 따라 급히 상품이나 원재료를 조달해야 하는 경우가 있는데 이런 경우 어느 정도 기동성을 갖추고 있는지를 조직구성과 함께 자세히 살펴보아야 한다.

④ 경쟁업체를 반드시 비교하여 보고 결정하되, 타 경쟁업체에 비해 경영전략상 어떤 차이가 있는지, 향후 발전전망은 어느 정도인지를 조사해 보아야 한다.

⑤ 영업상황을 일관된 통계자료에 의해 공개하는 회사인지를 살펴보아야 한다. 이미 영업을 하고있는 기존 가맹점의 최근 매출실적과 가맹점주의 변동사항 등 영업상황을 숨기지 않고 공개하는 회사인지를 살펴보아야 한다.

⑥ 혹시라도 허황된 아이템이거나, 광고내용이 지나치게 과장된 점이 없는지, 그리고 한발 더 나아가 사기적인 측면은 없는지 여러 각도에서 살펴보고 나서 최종적으로 체인 본사를 결정하여야 안전하다.

〈3〉 프랜차이저와 프랜차이지 간의 분쟁 대처

경영을 하다 보면 본사와 가맹점주간에 분쟁이 일어나는 경우가 많다. 양자 간 이해의 대립이나 프랜차이즈에 대한 이해의 부족이 여러 가지 분쟁 요인이 되고 있다. 분쟁을 예방하기 위한 방법은 다음과 같다.

① 계약서 작성 시 구체적 언급

계약서에서 언급한 분쟁 예상항목에 대해 구체적으로 명기하여 사전에 그 대책을 마련한다.

② POS 시스템의 완비

POS 시스템은 거래 물품과 반품의 여부, 운영, 마케팅의 효율적 관리를 가능케 한다.

③ 물류 배송 시스템 확보

물류 배송에 대한 시스템을 확보하여 분쟁 여지를 최소화 한다.

④ 지속적인 활동 전개

브랜드이미지 향상을 위해 본사는 눈에 띄는 지속적인 활동을 전개한다.

⑤ 관리 프로그램의 운영

가맹점의 효과적 관리를 위해 각종 프로그램을 개설·운영 한다.

⑥ 재 단장 및 제2 브랜드의 준비

정체시기에 돌입하고 있다고 판단되거나 포화상태에 직면하고 있다면 점포를 재단장하거나 제 2브랜드를 출시, 생동감으로 정체 국면을 정면 돌파해 나간다.

〈4〉 프랜차이즈 베이커리(Franchise Bakery) 현황

1973년 고려당과 태극당이 서울 시내 몇 곳에 분점을 개설하고, 1974년 뉴욕제과가 체인점 모집에 뛰어들면서 형성되기 시작한 프랜차이즈 베이커리업계는 80년대 초반을 기점으로 고려당 등 프랜차이즈 업체들의 본격적인 체인 확대와 더불어 연 20~30%의 급성장을 이루었다.

신라명과(1988년), 크라운 베이커리(1986년), 파리크라상(1988년) 등이 진출하였고 1997년에는 CJ푸드빌에서 뚜레쥬르 브랜드로 가세하였고 1999년에는 뉴욕제과가 폐업하였다.

이들 베이커리업계는 고급화된 소비자들의 취향에 맞추어 판촉 활동을 전개하면서 제과점 빵이 신선하고 위생적이라는 인상을 강하게 심어 주었고, 제품 진열 면에서도 양산 제빵이 불가능한 냉장 보관과 깨끗한 진열로 소비자들의 관심을 끌어 양산제품 시장의 많은 부분을 잠식하였다.

이와 같이 베이커리업계는 85년을 기점으로 양산업체의 매출을 뛰어넘어 최근에는 제빵업계를 주도해가는 수준으로까지 발전하였다.

96년 프랜차이즈 상위 5개사가 기록한 매출은 3,000억원 정도였으나, 2002년 5,000억원을 상회하여 제빵업계 전체 매출액의 31%를 점유하고 있다.

파리크라상이 프랑스 르노뜨르와 기술제휴를 하고 신라명과도 프랑스의 에디아르와 합작형태의 매장을 운영하는 등 외국 베이커리업체와의 기술제휴는 90년대 들어 나타났다.

이와는 달리 소위 유사 프랜차이즈(체인 베이커리 : Chain Batery)라 불리는 형태가 80년대 말과 90년대 초에 대거 등장하기 시작하였다.

그러나 일부 업체를 제외하면 그 존재가 미미한 실정이다. 그런데 이러한 유사 프랜차이즈(체인 베이커리)의 수가 증가하는 이유는 기술 인력을 손쉽게 해결할 수 있다는 점과 제과점 경영에 문외한인 사업주가 개점이나 경영에 필요한 경영방침을 지도받을 수 있다는 점이 어필되었기 때문이다.

그러나 현재 체인 베이커리업체 체인 본부가 경영상의 노하우와 기술적인 면에서 아직 충분한 자료 등을 가지고 있지 못하기 때문에 많은 문제점을 가지고 있다. 체인 베이커리는 본사에서 제품은 공급하지 않고 상호나 상표를 사용하게 하고 인테리어 및 기계시설, 재료구입, 포장재, 판촉물 지원, 기술인 소개관리 등이 주요활동이므로 가맹점주들은 모든 것을 자신이 알아서 해야 생존할 수 있는 상황에 처하게 되었으므로 인력난이 심각한 현재는 쇠퇴의 길로 접어들게 되었다. 반면, 95년 이후 생겨난 빵 굽터, 프랑세즈과자점, 빵굽는 작은마을 등은 점포 투자비용을 확대하고 본사에서 기술정보, 판매지원 등 본사의 가맹점 지원을 성실하게 이행함에 따라 매출이 높은 업체가 늘어나 업계의 주목을 받기도 했다.

99년은 프랜차이즈 업체별로 공동 마케팅 전개, 홈페이지 구축 및 리뉴얼, 케이크 택배서비스 개시 등 다양한 마케팅을 전개하기 시작한 해로 평가되고 있다.

프랜차이즈 업계는 향후 빵 부문 전 품목 냉동 생지로 공급하기 위해 모든 점포에 Bake-Off시스템을 갖추고 기술개발을 통한 품질향상 및 품목 확대를 도모하고 있어 냉동생지가 더욱 활성화될 전망이다.

이러한 노력에도 불구하고 대형할인점의 증가와 할인점에 입점한 호텔 베이커리의 증가, 자영제과점 점포의 과포화로 점포당 매출이 감소하기 때문에 매출증가를 위한 시장공략과 업체간 경쟁이 더욱 치열해질 전망이다.

3 인스토어 베이커리(In-Store Bakery)

인스토어 베이커리란 할인점내에 위치하고 있는 베이커리를 말하며 인스토어 베이커리의 발전은 할인점의 매장수의 증가와 비례하여 늘어나게 된다. 이는 국내 유통 시장이 재래시장에서 할인점 형태로 변화하면서 고객 유입이 할인점으로 몰리면서 인스토어 베이커리가 발전하는 데 기여하였다. 인스토어 베이커리는 할인점내에 위치하고 있어 할인점에 대한 특성을 간략히 살펴보면 다음과 같다

〈1〉 유통업

유통업이란 농산물, 공산품 등 재화와 도매, 소매, 수송, 보관 등을 비롯하여 정보

및 용역제공 등을 목적으로 하는 산업을 말한다.

① 유통업은 상적 유통과 물적 유통으로 분류한다.

② 상적 유통업은 도매업, 소매업으로 분류하고 물적 유통은 수송, 보관 등을 목적으로 한다.

③ 상적 유통업 중 소매업이란 최종 소비자에게 상품 및 서비스를 판매하는 업을 말한다.

〈2〉 소매기관분류

1) 백화점

백화점의 효시는 프랑스 파리에 개설된 봉 마르쉐이다. 다양한 형태의 상품 서비스 제공과 지역주민을 위한 문화시설 제공 역할을 한다.

2) 슈퍼마켓

① 셀프서비스이며 종합식품매장형태가 많다.

② 다양한 상품 구색을 갖추고 일괄구매가능

3) 편의점

① 소득증가와 더불어 야간활동인구 증가 등에 따른 성장잠재력이 큰 업태이다.

② 운영상 심야영업(24시간) 연중무휴로 운영한다.

③ 10~100평 규모이다.

④ 간편식 햄버거나 제과제빵, 김밥 등 제공이 가능하여 외식업에 경쟁업체로 등장하였다.

4) 할인점

① 소비재를 중심으로 한 중저가 브랜드 중 유통회전이 빠른 상품을 취급한다.

② 묶음이나 박스(Bundle) 단위로 판매한다.

③ 셀프서비스제도로 운영되며 빠른 속도로 성장하고 있다.

④ 저가정책으로 대량판매를 목표로 1993년 신세계 백화점의 E-Mart 개설 이후, 삼성 홈플러스(Homeplus), 롯데마트, 농협 하나로마트 등이 경쟁을 하고 있다.

〈표 2-2〉 할인점이 발전하게 된 배경

항목	내용
교통수단의 발달	• 주차장 확보 • 자동차 보급 확대에 따른 주말 쇼핑 추세확산
국민수준의 향상	• 고급화 지양(신선도), 다양성 추구 • 위생 관심도 높아짐
주부(여성)의 사회참여증가	• 편리성 • 핵가족화
기타	• 창고형 매장(외곽 위치) 형태로 시설비, 임대료 절감 효과가 있다. • 셀프서비스제도 - 변동비(인건비) 절감 • 물류 합리화 - 물류비용절감 • 광고비 절감 - 광고 실시하지 않음

5) 무점포 판매형태

① 주로 통신판매형태로 점포 없이 판매되는 소매형태이다.

② 소비수용의 다양화로 특수한 상품에 대한 수요발생이 많은 물품을 진열할 필요 없이 카달로그를 통한 통신 판매가 가능하다.

③ 교통 혼잡이나 시간적 비용부담을 절약하려는 의식이 확산되면서 발전하였다.

④ 정보통신수단의 발달(인터넷, 전화)로 발전하였다.

〈3〉 인스토어 베이커리 현황

할인점 내 제과점(Instore Bakery)이 국내에 첫 선을 보인 것은 1996년 Macro(현재 Wal-mart) 제물포점에 ARO 베이커리가 개점하면서부터였다. 대형할인점의 가격 파괴정책에 따라 제과점도 가격파괴와 높은 매출로 제빵 시장 일대 돌풍을 일으키며 등장한 것이 인스토어 베이커리이다.

인스토어 베이커리가 호황을 누리고 있는 프랑스나 네덜란드의 경우 빵이 주식이기 때문에 소품종 대량생산체계가 쉽게 자리 잡을 수 있었으나 우리나라의 경우 빵은 아직 간식 개념에 가깝기 때문에 다품종 소량체제가 더 적합하고 같은 매장 내에 가격이 저렴한 양산제품이 있기 때문이다.

그러나 인스토어 베이커리는 즉석 베이커리라는 인식과 함께 소비자들의 호응을 얻어 성공을 거두었고 양산 베이커리의 매출을 크게 잠식하고 있다. 2000년 E-마트, 롯데마트 등 할인점에 입점해 있는 데이앤데이, 롯데블랑제리, ARO베이커리 등 70여 개의 인스토어 베이커리에서 약 600억원의 매출을 올렸고 2001년 점포를 확산하여 910억원, 2002년 1,330억원의 매출을 올려 전년대비 50% 이상의 증가율을 보이고 있다. 대형할인점이 주변에 미치는 영향에 대한 조사 자료를 보면 할인점 500m이내의 근접 제과점은 20%의 매출하락을 가져왔고 500m 이상에 위치한 점포는 일 2-3만원대의 매출 하락을 가져왔고 특히, 1~2인 운영의 소형 베이커리에 대한 매출 잠식이 큰 것으로 되어있다.

4 개인 베이커리(Retail Bakery)

개인베이커리란 생산기술자와 가족이 판매하는 소규모 형태와 일일매출기준 백만원이 넘는 중. 대형베이커리로 분류할 수 있다. 대부분 소형점포로 운영되며, 재무구조나 근무조건이 취약한 편이다.

2019년 기준으로 나폴레옹과자점, 김영모 과자점, 성심당(대전), 안스베이커리(인천), 이성당(군산), 어로프슬라이스(용인), 빵과당신(평택) 옵스(OPS)베이커리(부산),

이홍용 과자점(부산)등 일평균매출이 200만원이상 중대형 자영제과점은 매출이 증가한 것으로 나타나고 있는 반면, 소형업소들은 매출이 하락 하고 있다.

이는 매년 대형할인매장이 평균 40여 개씩 증가하여 할인매장 내에 입점하는 인스토어 베이커리가 증가하고 있고, 프랜차이즈 업체의 점포도 꾸준히 증가하고 있기 때문이다.

1999년까지는 한 해에 제과점 점포수가 연평균 900여 개씩 증가하였기 때문에 대형 할인 매장과 프랜차이즈 업체 점포를 제외하면 개인제과점이 대략 650여 개씩 증가하였다.

그러나 개인베이커리는 2000년부터는 폐점하는 점포가 늘어나면서 2002년까지 3년간 2,600여 개의 점포가 감소하였다.

베이커리 시장이 점포수에서 이미 포화상태에 이른데다 할인점 내 베이커리가 계속 증가하고 있어 기존 점포가 이들 점포들에게 많은 매출을 잠식하고 있는 실정이다.

경기침체와 인력난으로 최근에는 프랜차이즈나 유사 프랜차이즈로 전환 또는 냉동생지의 사용을 적극 고려하는 등의 탈출구를 모색하는 업소들이 급격히 늘어나고 있으며 단품만을 전문적으로 판매하는 전문베이커리 또는 커피를 주 상품으로 하고 간단한 빵을 제공하는 카페형으로 변화하고 있다.

5 관광호텔 베이커리(Hotel Bakery)

〈1〉 관광호텔 베이커리의 발전과정

호텔에 제과부를 처음으로 설립한 곳은 조선호텔이었다. 그전까지 제과부는 조리부에 포함되어 식사용 빵, 디저트, 행사용 케이크를 만들었다. 1969년 조선호텔은 외국인 조리사 및 제과사를 상주시켜 국내최초로 유럽전통의 요리와 제과 제빵을 도입하였다. 조선호텔의 제과부 설립은 타(他)호텔 제과부 설립에 큰 영향을 끼쳤으며 조선호텔 제과부는 인력 양성 기관의 역할을 했다

초창기 이곳에서 근무했던 사람들이 이후 설립된 다른 호텔 제과부로 자리를 옮기

면서 호텔 제과 기술이 전파되었다. 조선호텔의 뒤를 이어 1976년 영빈관(신라호텔 전신)에 제과부과 생겼고 같은 해 10월 프라자 호텔과 1977년에는 신라호텔, 1978년에는 롯데호텔이 개점과 동시에 제과 부를 만들었다. 이후 새로이 건립되는 호텔에는 제과부가 들어서면서 지금의 제과부로 자리를 잡게 되었다.

〈2〉 관광호텔 베이커리 부서의 역할

호텔 베이커리는 호텔내의 연회 및 각 주방을 지원하는 중심 지원주방(Main Production Kitchen)으로서 중요한 역할을 담당하며 또한 독립된 판매 공간을 확보하여 호텔 내 직영 제과점을 운영하고 있다. 예전에는 외부에서 구할 수 없었던 고급 재료로서 고급과자와 빵의 보급에 일조를 하였으며, 호텔 베이커리(Pastry & Bakery)는 대체로 델리카트슨(Delicatessen)이라는 판매 업장을 두고 있어 호텔 고객에게 판매하고 있다.

원래는 호텔 숙박 고객에게만 편의 제공 차원에서 판매하였으나 요즘에는 호텔 타 영업장과 매출 면에서 거의 비중을 같이 할 만큼 고도의 매출 신장을 가져왔다. 매장의 제품도 초창기 델리카트슨은 단순 고객을 위한 빵 중심의 판매에 불과했으나 지금의 판매는 판매 형식과 제품 종류도 다양하여 매출을 극대화하여 매출을 극대화하며 각종 계절제품 특선제품(발렌타인,부활절,추수감사절,크리스마스 등 행사)을 생산하여 제과 업계의 선두적인 역할을 하고 있다.

호텔에 있어 베이커리 부서는 호텔 전체 업장을 지원하고 있는 중요한 부서이다. 식음료의 각 업장으로써 커피숍의 조식과 세트상품의 후식, 연회의 빵과 쿠키, 쵸콜렛, 페이스트리(Pastry), 후식을 제공하고 부페(Buffet)와 각종 파티의 식전과 식후를 담당하는 베이커리 부서는 중요한 위치를 점하고 있다.

〈3〉 관광호텔 베이커리의 조직

호텔 베이커리 부서의 조직은 호텔의 규모와 특색에 따라서 서양식 주방의 일부로 구성되기도 하고 별도의 부서로 분류하기도 한다. 조리부문의 조직은 체인 호텔(Chain Hotel)또는 비체인 호텔(Local Independent Hotel)인가에 따라 약간의 차이가 있으나 기본적으로 지원주방(Support Kitchen)과 영업주방(Business Kitchen)으로 나눌 수 있다.

호텔 베이커리 부서는 대체로 호텔 내 직영제과점(델리카트슨)의 업무와 각 영업장(매장)의 기능적 부서로 활용되며 고급의 디저트를 식사에 조화시키는 업무가 상당부분 차지한다.

델리카트슨의 경우 판매되는 상품의 종류와 품목 수를 늘려가고 있으며, 품질의 고급화를 위해 노력하고 있다. 식사기능을 돕는 베이커리 부서는 식사에 대한 마지막 고객의 평가를 좌우하는 중요한 부서이다.

세분화하면 제빵 담당은 토스트용 빵과 아침 식사에 필요한 소프트 롤(Roll)류, 크로아상(Croissant)류, 머핀(Muffin)류, 데니쉬 페이스트리(Danish Pastry)류 등을 만들며 신선한(Oven Fresh) 빵을 고객에게 제공하기 위하여 아침식사용 빵의 생산은 주로 야간을 이용한다. 제과 담당은 각종 케이크(Cake)류, 초콜릿(Chocolate)류, 쿠키(Cookies)류, 파이(Pie)류, 타르트(Tart)류, 및 크림(Cream)류 등을 생산한다. 후식 담당자는 각종 더운 디저트(Hot Dessert), 찬 디저트(Cold Dessert), 아이스크림, 샤벳(Sherbet), 푸딩(Pudding) 등을 생산 제공한다.

제과장은 업무의 목표를 제과부원들에게 충분히 주지시켜서 호텔기업과 함께 목표를 달성한다는 생각을 갖게 하고 투철한 직업관과 일에 대한 보람을 갖게 해야 한다.

주방에서 조리한다는 것은 여러 고객의 구미에 맞도록 고도의 기술과 많은 지식 그리고 경력이 있어야 하며, 주방기물 등은 현대식으로 갖추어야 하고 위생면에서도 식품위생, 시설환경위생, 개인위생 등을 철저히 유지, 실천해 나가야 하는 중요한 부서이다.

특히, 관광호텔 베이커리에서는 일반 제과업계와 달리 다양한 해외 식자재와 식품 트렌드 등에 민감하고, 여러 곳에서 오랜 경력의 소유자가 많이 근무하는 것이 특징이다. 호텔 베이커리주방 업무의 특성을 살펴보면 다음과 같다.

〈표 2-3〉 특급호텔 베이커리 업무

	부서	내용
지원 업무	커피숍(Coffee Shop)	크로아상, 데니쉬페이스트리, 머핀, 소프트롤 빵, 토스트 등 조식류
	레스토랑	하드 롤, 샤벳, 초콜릿, 프디푸르(Petit Four) 토스트브레드(ToastBread), 프렌치브레드(FrenchBread)
	연회 뷔페(Buffet)	푸딩, 파이류, 프티프르,페스트리, 각종 빵(도넛, 머핀, 크라와상, 소프트 롤, 하드 롤, 바게트 등과 푸딩, 후르츠칵테일 등)
영업 업무	델리카트슨(Delicatessen) • 워커힐호텔:고매샵더델리 • 조선호텔:베키아에 누보 • 롯데호텔:델리카 한스 • 그랜드힐튼:알파인델리	간단한 식육제품(食肉製品)판매 빵류, 케이크류, 초콜릿류, 쿠키류, 페스트리류

〈4〉 호텔베이커리의 장 · 단점

1) 장점

① 고급 이미지

② 국민소득증가로 호텔이용객수 증가하고 있다.

③ 호텔로 여가를 즐기는 인원(호캉스) 증가로 인한 수요가 증가하고 있다.

2) 단점

① 다른 베이커리에 비하여 가격이 비싸다.

② 접근성이 어렵다.

③ 매출증가 한계성이 있다.

6 양산 베이커리(Wholesale Bakery)

국내 양산제빵업체가 등장한 것은 1966년에 삼립 식품이 본격적인 대량 생상체제를 갖춘 것이 그 시초이며, 1968년에 상호를 삼립식품 공업(주)으로, 1969년에는 유지업체로 출발한 서울식품이, 부산지방에서는 삼미 식품이 제빵의 선두주자로 등장하였고, 뒤이어 주식회사 기린이 삼립식품(주)과 상표공유계약 및 기술이전 계약을 맺고 경상도 지역에 판매를 시작하였으며, 1970년도에는 한국콘티넨탈식품이, 1972년에는 (주)샤니가, 1973년에는 부산에서 삼우식품이, 제빵업계에 참여하였다.

1970년 이전에는 제품의 종류도 다양하지 못하고 판매 경쟁도 치열하지 않았으나 1970년대 후반에 들어서면서 경쟁도 심해졌으며, 소득수준의 향상에 따른 식생활 고급화 추세에 부응하여 고려당, 뉴욕제과 등 프랜차이즈 업체의 부상과 기존의 개인 제과점들 보다 고급화된 제품으로 적극적인 판촉활동을 전개함으로써 85년도를 기점으로 양산업체는 서서히 프랜차이즈, 개인 제과점 등 베이커리업계의 뒤지기 시작했다.

또한, 75년, 76년, 88년에 각각 삼우식품, 삼미식품, 콘티넨탈 식품이 폐업하면서 양산 제빵 시장 구조는 샤니, 삼립, 서울, 기린 등 4개사로 압축되어 현재에 이르고 있다.

이러한 양산업체의 부진은 베이커리업계의 신상품 부상과 이에 대응할만한 양산업체의 신상품 부재(不在)가 주요 원인으로 지적되고 있지만 가장 근본적인 원인은 양산빵에 대한 소비자들의 인식을 긍정적으로 바꾸지 못한데 기인하고 있다.

한편, 양산 제빵 업계는 이처럼 베이커리에 뒤지는 원인을 유통구조의 비효율성에 따른 배송 비 부담 및 인건비상승, 신제품부진 등으로 진단하고 이에 대한 대책을 크게 3가지 측면에서 마련하고 있다.

그 첫 번째는 유통 구조의 개선 즉, 종전의 대리점-중간상-소매상의 다단계 중간 과정을 배제하고 회사 차량에 의한 슈퍼, 대형할인점 혹은 CVS점에 직접 공급방식을 채택 하여 고질적인 가격경쟁에서 벗어나 품질경쟁에 의한 업계의 체질개선이 이루어지게 되었다.

둘째로는 각 양산업체들은 지금까지의 박리다매에서 부가가치재고를 위한 제품고급화 추진이다.

세 번째는 사업 다각화를 위한 베이커리 부문의 영업확장 노력과 스낵, 라면, 우동 전문점 진출 등 사업의 다각화를 추진하고 있다.

거의 모든 원료를 수입에 의존하는 업계의 특성상 IMF가 시작되면서 수반된 급격한 환율의 상승은 직접적으로 원재료비의 상승을 가져왔고, 내수 시장의 침체는 원재료비의 상승을 가격에 반영하지 못하는 구조적인 문제점을 낳아 양산 제빵 업계로는 임금동결, 강도 높은 구조 조정에 불고하고 매우 어려운 시기였다.

제3절

외국의 베이커리 현황

1 미국

미국 베이커리업계의 특징을 4가지로 요약한다면 다음과 같다. 첫째 미국은 50여 개 주가 각기 독립된 법을 갖고 있는 나라다. 그러나 위생관리 부분에 있어서만큼은 모든 주에서 보건소의 통제 하에 일관된 정책을 펴나가고 있다. 미국의 제과업자들은 보건소 공무원과의 긴밀한 유대관계를 형성하면서 점포의 위생을 철저하게 관리하고 있다. 둘째 세트상품을 활성화시키고 있다는 점이다 단순히 빵 한 가지만을 판매하는 것이 아니라 요리의 차원에서 샐러드와 음료, 커피 등을 함께 곁들인 다양한 세트상품을 선보이고 있다. 셋째 소비자 위주의 판매방식이다. 미국의 베이커리들은 각 진열대마다. 제품명과 가격표를 빠짐없이 붙이는 것은 물론 그곳 제품의 이름과 가격을 한눈에 알아 볼 수 있도록 대형 상품 판을 설치하고 있다. 넷째 각 점포마다. TO-GO시스템이 활성화되어 있다. 이것은 우리나라의 테이크아웃 시스템과 같이 빵을 구입해서 가져가는 것으로 세트 상품으로 구성된 차별화된 TO-GO 상품을 별도로 마련하고 있다. 미국의 제과점 유형 가운데 큰 비중을 차지하는 전통 베이커리는 우리나라의 자영 제과점과 유사한데 최근 들어 인스토어 베이커리나 프랜차이즈 베이커리와 같은 신종 업태로부터 강한 도전을 받지만 오랜 기간 쌓아온 경험을 통해 자신만의 독특한 노하우를 통해 자신만의 독특한 맛과 운영방식으로 자신의 입지를 확고히 다지면서 그 지역의 명물로 자리 잡고 있다.

2 프랑스

프랑스의 베이커리는 위생에 있어서 철저함을 느낄 수 있는데 그것은 위생법이 매우 까다롭기 때문이다. 위생법의 예를 들면 제품의 1차 원료들(밀가루, 과일, 계란 등)을 배달할 때에는 제품이 상자 안에 포장되어 있어도 절대 땅바닥에 놓아서는 안 되며, 아이스크림을 파는 사람(만드는 사람도 물론이다)의 명단은 일일이 관할청에 신고하도록 되어 있다. 또한 불시에 위생공무원들이 아무 곳에나 위생검사를 하는데 위생상태는 물론 작업환경, 제품가격, 종업원의 임금까지 조사를 한다. 또한 돌아갈 때에는 샘플을 가져가 분석하고 그것을 바탕으로 사후에 벌금을 매기기도 한다. 대부분의 빵집은 제과, 제빵, 아이스크림, 초콜릿, 사탕을 직접 만들고 있으며 재료의 이용이 다양하고 점포마다 독창성이 강하다. 또한 경력이 풍부한 주인의 역량에 따라서 제품의 종류를 선정하지만 아무리 작은 규모의 빵집이라도 프랑스인들이 즐겨 찾는 클래식한 정통 빵과과자는 기본적으로 다 갖추고 있다. 빵은 10종류, 과자는 20여 가지를 기본으로 갖추는 것이 보통이고 계절이나 자신의 특기에 따라 제품을 조절하기도 한다.

3 일본

일본의 제과점들은 대부분 전문점형태로 되어 있어 우리나라처럼 한 제과점에서 빵, 케이크, 쿠키, 과자 등의 복합 상품을 취급하는 경우가 없다. 긴자거리의 제과점들도 각기 빵 , 화과자, 양과자 등으로 세분화 · 전문화 되어 있는데 한 예로 하루미도오리 가에 있는 고베야 키친은 일본 각지에서 생산되는 과일을 이용해 주로 과일 빵만을 생산하는 곳이다. 또한 이곳에선 국내 제과점들이 주력상품으로 취급하는 데코레이션 케이크를 거의 찾아볼 수 없는 점도 매우 이채롭다. 일본 제과업계에서는 특히 국내에서는 쓰이지 않는 많은 제과 재료가 발달되어 있다. 또 다른 점은 소비자의 니스를 읽고 매출을 높인 일본 제과점의 특색은 훌륭한 판촉아이디어로 소비자의 입장에서 소비자가 느끼는 불만을 해소시켜 주려는 노력으로 출발한다. 자기만의 노하우를 통하여 연구 개발하고 소비자를 위한 경영 체계를 펼쳐 최고의 기술과 서비스를 지향하며 소비자가 만족하면 기술자는 행복합니다. 라는 경영이념으로 소비자 니즈의 변화에 따라 제품과 마케팅 전략에도 게을리 하지 않는다.

4 유럽

유럽 베이커리 시장의 흐름을 살펴보면 아침식사용 제품으로 곡류, 파스타, 밀가루 등 5가지 품목의 성장률과 시장점유율 외에도 1인당 빵 소비량과 지출에 대해 다루고 있다. 조사대상국은 벨기에와 독일, 이탈리아, 프랑스 영국 등 서유럽의 8개국과 동유럽 대부분의 국가를 포함하고 있다. 1인당 빵 소비량이 가장 높은 나라는 독일로 나타났으며 영국의 소비량은 독일의 절반 정도인 것으로 조사되었다. 우선 주목되는 사항은 곡류와 아침식사용 제품 그리고 파스타가 전반적으로 높다는 점이다. 베이커리업계의 경쟁이 날로 치열해 짐에 따라 홍보나 이벤트 등 마케팅전략의 중요성이 부각되고 있다.

3

베이커리
생산운영관리

생산관리

1 생산관리의 개요

〈1〉 기업 활동의 5대 기능

① 제조 : 만드는 기능 ─────────┐
② 판매 : 파는 기능 ──────────┴─── **핵심기능**

③ 재무 : 자금을 준비하는 기능 ────┐
④ 자재 : 자재를 조달하는 기능 ────┼─── **지원기능**
⑤ 인사 : 인재를 확보하는 기능 ────┘

〈2〉 생산 활동의 구성 요소(4M)

① Man(사람, 질과 양)　　　② Material(재료, 물질)

③ Machine(기계, 시설)　　　④ Method(방법)

〈3〉 생산관리 의의

① 경영기구에 있어 사람(Man), 재료(Material), 자금(Money)의 3요소를 유효적절하게 사용하여 좋은 물건을 싼 비용으로 필요한 양을 필요한 시기에 만들어 내기 위한 관리 또는 경영(Management)이라 할 수 있다.

② 거래 가치가 있는 물건을 납기 내에 공급할 수 있도록 필요한 제조를 하기 위한 수단과 방법을 말한다.

〈4〉 생산관리시스템

최상의 산출물을 얻기위하여 자원의 투입에서부터 생산활동을 포함하여 완제품까지 전 과정을 말한다.

① 투입 : 제품을 생산하기위해 투입에 필요한 원료, 인적. 물적자원, 에너지등을 말한다

② 변환 : 생산 공정 과정을 지칭한다.

③ 산출 : 생산과정을 거쳐 얻어진 최종 산출물을 말한다.

[그림 3-1] 생산관리시스템

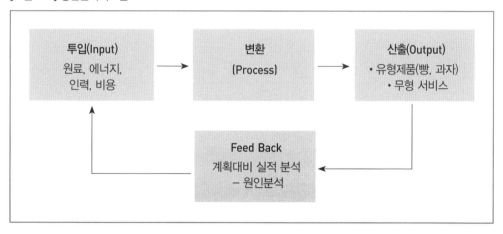

〈5〉 생산관리의 기능

1) 품질 보증 기능

품질 요구사항이 충족될 것이라는 신뢰를 제공하는 데 중점을 둔 품질경영의 한 부분으로 사회나 시장의 요구를 조사하고 검토하여 그에 알맞은 제품의 품질을 계획, 생산하며 더 나아가 고객에게 품질을 보증하는 기능을 갖는다.

2) 적시 적량 기능

시장의 수요 경향을 헤아리거나 고객의 요구에 바탕을 두고 생산량을 계획하며 요구 기일까지 생산하는 기능을 갖는다.

3) 원가 조절 기능

제품을 기획하는 단계부터 제품개발, 생산준비, 조달, 생산으로 제품개발에 드는 비용을 어떤 계획된 원가에 맞추는 기능을 갖는다.

- 원가조절에서 기획과 개발단계에서 대부분 원가가 결정됨

2 생산관리 조직의 편성

공장의 생산을 관리하는 조직도 기업의 실태에 따라 최고의 효율을 얻을 수 있는 형태를 말한다.

[그림 3-2] 생산조직

조직의 형태	라인(Line) 조직	직능조직	라인과 스태프(Staff) 조직	사업부제
기본 편성	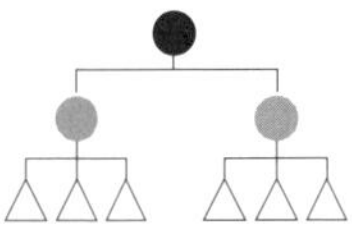	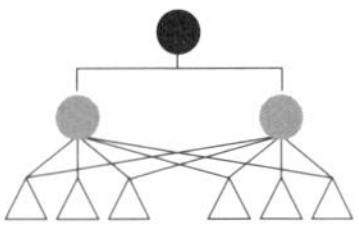	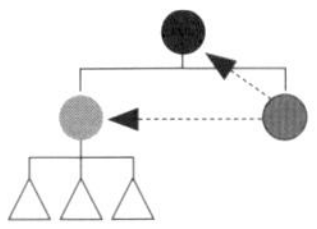	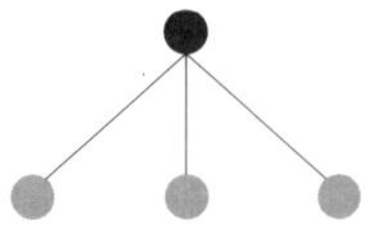
장점	지휘명령계통의 일관화 (기업질서 유지)	수평적분업의 실현 (경영능률향상)	• 관리기능의 전문화 • 탄력화 (경영능률 증진) • 지휘명령 계통의 강화	• 신속한 의사결정 → 기동성 • 직원의 자주성과 창의성 발휘 (독립회사의 관리)
단점	수평적 분업의 결여 (경영능률저하)	지휘명령 계통의 혼란 (기업질서 동요)	스태프의 조정 능력에 따라 효율이 가감	대규모 회사인 경우에 가능 (제품, 지역, 고객 단위)
적용	소규모 회사 (일반 제과점)	중 . 소규모 회사 (프랜차이즈 제과점)	대규모 회사 (대량생산 제과 · 제빵 회사)	대기업 규모 (전국을 대상으로 하는 회사)

제2장 품질관리

1 품질관리의 의의

품질관리란 말은 우리들 생활 주변에서 흔히 들어왔으며 새로 나온 용어는 아니다. 그러나 일반적으로 생산에 종사하고 있는 사람 가운데는 만들어진 제품을 조사하여, 좋은 품질과 나쁜 품질을 가려내는 것으로 생각하기 쉬웠다. 생산활동의 하나로 생각하면 검사가 그것에 해당됨으로 품질관리란 검사라고 생각되었으며, 어떠한 방법이든 간에 만들어진 제품의 결과를 확인한다는 뜻에서 종래부터 시행되어 온 관리기법이었다.

오늘날의 모든 제조과정에서는 고도의 기술이 요구되는 시대이며, 품질의 문제는 개개의 제품의 양호, 불량의 극한 된 요구에 그치지 않고 오히려 제품이 지닌 본래의 기능에 대하여 어느 정도 신뢰할 수 있는가 하는 시간적, 공간적으로 확대된 스케일부터 문제시되고 있다. 제품의 생명은 어디까지나 믿고 사용할 수 있는지에 따라 결정되는 것이다. 따라서, 기업경영의 목적에 부합하는 것은 품질관리의 본질을 올바르게 이해하고, 각자의 기업에 적합한 방법으로 실시함으로써 비로소 큰 성과를 얻을 수 있는 것이다.

2 품질관리의 목적

품질관리의 목적은 넓은 의미의 목적과 좁은 의미의 목적으로 구분할 수 있다. 먼저, 넓은 의미의 목적은 다음과 같이 다섯 가지로 요약할 수 있다.

첫째, 소비자의 요구에 합치하는 제품을 경제적으로 생산한다.

둘째, 신뢰성이 높은 제품을 생산한다.

셋째, 품질 보증이 될 수 있는 제품을 생산한다.

넷째, 제품 책임을 이행할 수 있는 제품을 생산한다.

다섯째, 공해 없는 제품을 생산한다.

또한, 품질관리의 좁은 의미의 목적은 첫 번째의 소비자의 요구에 합치하는 제품을 경제적으로 생산한다는 목적을 들 수가 있다. 품질관리의 목적은 다음과 같다.

1) 소비자의 요구에 합치하는 제품을 경제적으로 생산한다.

이 목적을 품질관리의 궁극적인 목적으로서 이를 위하여 적절한 품질의 표준을 정하고 달성되도록 통제하는 활동이 품질관리라고 할 수 있다. 중요한 것은 품질의 기준을 설정하고 그 기준을 준수하도록 통제함에 모든 품질관리 활동은 측정을 통하여 실시되며, 이를 위해서는 품질특성이 수량화되어야 한다는 것이다.

2) 신뢰성(Reliability)이 높은 제품을 생산한다.

신뢰성이란 시스템, 기기, 부품 등의 시간적 안정성을 나타내는 정도로서 신뢰도에 의해 그 기간 중의 규정된 기능을 수행하는 확률로 표시되고 있다. 따라서 고장과 직결되는 여러 함수관계를 정확하게 파악하여 원래 의도했던 제품의 규정된 기간 중의 기능을 충분히 수행할 수 있도록 제품을 제조한다는 품질관리 목적을 말하고 있다.

3) 품질보증(Quality Assurance)이 될 수 있는 제품을 생산한다.

품질 보증은 품질관리의 성과로서 기업 내의 모든 활동의 체제이며, 불만 처리 및 불량의 근본 원인을 제거하여 소비자와의 품질상의 약속을 이행한다는 것이라 할 수 있다.

4) 제품 책임(Product Liability)을 이행할 수 있는 제품을 생산한다.

제품 책임은 소비자 보호론의 표면화로서 제품사고의 원인이 불량하거나 부적당한 설계에 있다고 생각하거나, 제조 불량이 사고원인이라고 생각하거나 조립 불량이라고 생각하는 경우가 있으며, 제조업자가 제품의 기능적인 면에서 사고위협을 소비자나 사용자에게 경고하지 않은 것과 같은 내용까지도 생산자는 소비자에게 책임을 져야 한다는 것을 의미하고 있다.

5) 공해(Pollution) 없는 제품을 생산한다.

이 목적은 제품의 사회적 책임이라는 의미를 지니고 있으며, 당연히 제조자는 품질문제를 생각할 때 만들어서 팔아버리면 된다는 무책임한 생각이나 안일한 생각을 바꾸어, 공해문제까지도 고려해서 제품 사용시에 또한 사용한 후의 문제점을 항상 파악하여 제품 품질에 반영해야 된다는 미래 지향적인 가치가 있는 목적이다.

3 품질관리의 원칙

1) 예방의 원칙

제품의 불량이 생기기 전에 미리 그 원인을 차단시키는 것을 말한다. 품질관리방법에서의 문제해결 방법은 사전관리와 사후관리가 있다. 그러나 사후에 관리하는 비용과 노력은 사전 예방을 통하여 관리하는 방법보다 훨씬 많은 비용과 노력이 요구된다.

2) 스태프(Staff) 조언의 원칙

품질관리를 효율적으로 행하기 위해서 제품을 생산하고 있는 제조부(라인부서)는 품질관리 기술에 전문적 지식을 가지고 있는 품질검사부·통제부(스탭부서)의 조언을 구하여 품질관리를 해나가야 한다.

3) 전원참여의 원칙

품질관리는 조직의 전 구성원이 참여해야 하는 중요한 일이다. 모든 종업원이 각자 맞고 있는 품질·원가 및 수량에 관한 업무를 모두가 협조하여 수행해 나가지 않으면 그 효과는 달성되지 않는다.

4) 과학적 관리의 원칙

품질관리 활동은 과학적 관리기법에 근거를 두고 있으며 다음과 같은 5단계로 구성되어 있다.

① 문제점을 인식한다.

② 문제점에 대한 사실을 구체화 시킨다.

③ 문제해결에 대한 계획을 세운다.

④ 계획에 의거하여 실행에 옮긴다.

⑤ 계획대비 성과를 비교한 후 문제점을 파악하고 조사한다.

4 품질관리 실시효과

품질관리를 실시하여 좋은 성과를 얻은 기업은 많으나, 이 효과는 추진방법이나 실천의 정도 또는 지금까지의 상태, 기업의 규모 등에 따라 차이가 있을 것이며, 일반적으로 다음과 같은 것을 열거할 수 있다.

① 제품의 품질이 균일해진다.

② 불량품의 감소나 이익한계의 상승에 의하여 가격이 싸게 된다.

③ 불량품의 감소에 따라 생산량이 증가한다.

④ 품질이 안정되어 검사비용이 감소한다.

⑤ 품질관리를 시행하고 있으므로 사외(社外)의 신용도가 높아진다.

⑥ 전사적 품질관리실시로 최고 경영자의 방침이 말단에까지 철저하게 된다.

⑦ 불필요한 잡무에 관리자가 쫓기는 일이 없으며 관리능력이 높아진다.

⑧ 회사 내의 각 조직 사이의 관계가 원활해진다.

⑨ 작업자의 품질에 대한 책임감과 관심을 높이게 된다.

⑩ 종업원의 생산 의욕이 향상된다.

5 품질관리의 업무

파이겐 바움(A.V.Feigenbaum)은 기업 내 품질관리 업무를 크게 4가지로 대별하고 있다.

1) 신제품관리

제품에 대한 원가·기능 및 신뢰성에 대한 품질표준을 확립하고 생산을 개시하기 전에 품질상의 문제가 될 만한 근원을 확인하고 제거하는 업무를 말한다.

2) 원자재 및 부품의 관리

원료는 제품을 생산하기 위한 기본이면서도 매우 중요한 재료이다. 제품을 위생적이고 적합한 품질로 생산하기 위해서는 무엇보다 원료관리가 잘 이루어져야 한다. 원료를 잘 관리하기 위해서는 원료가 입고되는 순간부터 사용하기 전까지의 모든 이력을 기록하고, 원료의 형태, 성분, 포장, 보관 조건 등 다양한 유형별로 구분하여 사용하기 전까지 안전하게 보관할 수 있도록 해야 한다.

3) 공정관리

제품을 생산하기 위해서는 공정마다 체계적인 관리가 필요하다. 공정마다 관리 포인트를 설정해야 하는데, 적절한 설정을 위해서는 제품 생산에 필요한 원료부터 완제품을 생산하는 모든 공정을 이해하고 있어야 한다. 품질관리가 필요한 공정을 파악하지 못하고 제품을 생산하면 반드시 문제가 발생하여 회사에 큰 손실을 줄 수 있다. 공정관리를 올바로 하면 예측 불가의 문제를 미연에 방지할 수 있고, 만약에 발생했더라도 이를 신속하게 대처하여 안정된 제품 생산을 가능하게 한다.

4) 제품관리

불량제품이 만들어지는 것을 사전에 방지하기 위해 품질 표준기준(Quality Specifca Tion)으로부터 제품이 벗어나는 것을 시정조치하고 제품 서비스를 원활히 하기 위해 생산현장이나 시장의 서비스를 통해 제품을 관리하는 업무를 말한다.

6 단순 품질관리방법

단순 품질관리 방법은 우선 모든 불량의 근원인 불규칙성과 혼란을 체계화하는 것에서 출발한다. 5S는 이러한 취지에서 이용되는 것으로서 기법이라기보다는 기본 생활태도를 형성시키기 위한 강력한 도구를 제공한다.

〈1〉 5S의 습관화

일본에서 보편화된 5S는 정리(整理, Sort), 정돈(整頓, Set in order), 청소(淸掃, Shine), 청결(淸潔, Standardize), 품질관리 생활화(習慣, Sustain)의 5가지를 영어 첫 음으로 축약한 것을 말한다. 제조업에서 나타난 이 개념은 모든 서비스업에서도 그대로 적용가능하다.

1) 정리

물건이나 시간을 포함하여 필요한 것과 필요 없는 것을 구분한 후 필요 없는 것을 과감하게 버리는 것이 바로 정리이다. 작업장 정리는 우선 불필요한 공간을 차지하는 대상을 제거하는 것에서 시작되어야 한다. 대부분 업무공간은 상당히 낭비되고 있기 때문이다. 불필요하거나 이용되지 않는 비품 및 자재가 큰 공간을 차지하고 작업에 혼란을 주고 있는 것이 대표적인 사례이다.

2) 정돈

정확한 정리 정돈은 작업인력의 효율성과 업무의 질을 높여준다. 사무작업에서도 사무용 비품, 서류 , 각종 기록 등이 정돈되어 있으며 수행하기 편하다. 정돈은 정리와 혼동하기 쉬우나 상당히 다르다. 정돈의 2가지 원칙은 첫째, 모든 것의 고유위치를 정하고 둘째, 반드시 그 위치에 놓는 것이다. 이렇게 작업장이 정돈되면 필요한 물건을 찾는 탐색시간이 줄어들고 혼란이 방지될 수 있다.

3) 청소

작업장을 쓸고 닦아서 깨끗하고 더러움 없는 환경을 만드는 것이다. 고객을 직접 상대하는 서비스업에는 고객이 인지하는 품질에서 바로 청결이 직접적인 요인으로 작용하므로 중요성이 매우 크다.

4) 청결

청소된 상태를 지속적으로 유지하는 일이 바로 청결이다. 특히 청결은 음식을 만드는 곳이나 음식을 관리하는 곳에서 중요한 작용을 한다.

5) 품질관리 생활화

생활화란 정해진 일을 항상 바르게 지키는 습관을 몸에 익히는 일을 말한다. 너무 당연한 사실이지만 규칙을 지키지 않거나 자기 규율이 부족한 것은 우리 사회의 매우 보편적인 현상이다. 규칙적이고 질서 있는 행동은 작업에 대한 바른 태도를 형성시켜주고 이는 다시 작업에 대한 진지함과 정성으로 이어져 품질의 중요한 요소가 된다.

7 가시적 품질관리

1) 품질 가시화의 목적

내부적 동기유발은 물론 외부인에게 품질에 대한 인지도를 높여 확인을 주려는데 그 목적이 있다. 서비스업에는 고객이 과정에 참여하는 경우가 많으므로 전체 과정 혹은 일부 핵심 과정에서 이러한 유형적 증거를 가시화하는 것은 품질의 여러 측면을 보완하는 것이다.

2) 가시적 품질의 대상

① 주요 작업 가시화 : 핵심작업이나 고객이 인지하는 주요 작업의 이정표를 가

시화하여 품질에 대한 신뢰도를 높이려는 것이다. 고객이 청결을 의심하지 않게 주방의 조리과정을 공개하는 경우가 여기에 해당된다.

② 과정 중심적 통제사항 : 업무전환 및 준비시간 그리고 전후업무의 대응 비율을 측정·게시하고 품질관리도나 체크시트로 자료의 추이를 표시한다. 품질 진척현황은 주요 품질프로그램의 진척에 대한 정보를 모두가 공유하게 된다.

③ 품질 노력에 대한 성취와 보상 : 품질에 대한 성과를 공개적으로 가시화 하는 것이다.

제3장

원가관리

제1절

원가관리

1 원가관리의 목적

① 가격 결정의 목적 : 제품의 판매가를 결정한다.

② 원가 계산의 목적 : 원가관리의 기초 자료로 이용된다.

③ 예산 편성의 목적 : 예산 편성의 기초 자료로 이용된다.

④ 재무제표 작성의 목적 : 경영 활동의 결과를 재무제표로 작성하여 보고 시에 기초 자료를 제공한다.

2 원가의 종류

1) 재료비

제품의 제조를 위하여 소비되는 물질적인 것(주원료, 부원료, 수선용 재료, 포장재 등)

2) 노무비

제품 제조를 위하여 생산 활동에 직·간접으로 종사하는 인적 보수(월급, 봉급, 수당, 잔금)

3) 경비

제품의 제조를 위하여 사용되는 재료비, 노무비 이외의 광열비, 전력비, 경비, 보험료 감가상각비 등과 같은 비용)

3 원가의 구성 요소

1) 직접 원가(Direct Cost)

어떠한 제품의 제조를 위하여 소비된 비용(기초 원가)

① 직접 재료비 : 제과 제빵 주 재료비

② 직접 노무비 : 월급, 연봉 등 임금

③ 직접 경비 : 외주 가공비

2) 제조 원가(Factory Cost)

직접 원가에 제조 간접비를 합한 것

① 간접 재료비 : 보조 재료비

② 간접 노무비 : 급료, 수당 등

③ 간접 경비 : 감가상각비, 보험료, 수선비, 전력비, 가스비, 수도·광열비 등

2) 총원가(Total Cost)

제조 원가에 판매 직·간접비 및 일반 관리비를 합한 원가이다

4) 판매 원가(Selling Cost)

판매 가격으로서 총원가에 기업의 이익을 더한 가격이다

4 원가구성

① 직접 원가 = 직접 재료비 + 직접 노무비 + 직접 경비

② 제조 원가 = 직접 원가 + 제조 간접비

③ 총원가 = 제조 원가 + 판매비 + 일반 관리비

④ 판매 가격 = 총원가 + 이익

5 원가 절감의 방법

1) 원재료비의 원가 절감

① 식재료 구매관리를 정확히 하여 구입 단가와 결재의 합리화를 추구한다.

② 생산수율을 높일 수 있도록 재료의 배합, 제조 공정 설계를 최대로 한다.

③ 선입 선출 등 창고관리 업무의 체계적 관리로 재료의 손실을 줄인다.

④ 품질관리, 생산관리를 철저히 하여 불량품 발생을 줄인다.

2) 작업관리를 통한 불량률 개선

① 작업 표준이나 작업 지시에 맞는지 작업 태도를 점검한다.

② 기술 수준 향상과 숙련도를 제고한다.

③ 작업을 표준화하고, 시설 장비의 정기적 점검을 통해 작업 여건을 개선한다.

3) 노무비의 절감

① 제품의 계획 단계에서 표준화와 단순화를 계획한다.

② 생산의 계획 단계에서 생산 소요 시간, 공정 시간을 단축한다.

③ 제조 공정상의 작업 배분, 공정 기간의 효율적 연계 등 작업 능률을 높인다.

④ 설비관리를 철저히 하여 작업 중 가동이 중지되지 않아야 한다.

⑤ 지속적인 교육으로 생산 능률을 향상 시킨다.

제2절

손익 계산서

1 손익 계산서의 개념

손익 계산서(Profit and Loss Statement)는 일정 기간의 경영 성과를 나타내는 표이다. 여기서 경영 성과란 일정 기간의 수익, 손실 산정 및 순손실의 결정이라는 세 가지 과정이 포함된 것이다. 즉, 수익과 비용이라는 경영 활동의 흐름을 일정 기간 집계하여 나타낸 흐름량(Flow) 개념의 계산서로 흐름표라고 말할 수 있다.

2 손익 계산서의 구조

수익, 비용, 순이익은 손익 계산서의 기본 요소이다. 수익은 기업이 일정 기간 소비자에게 재화 용역을 판매하여 얻어진 총 매출액을 의미한다. 비용은 기업이 일정 기간 수익을 발생하기 위하여 지출한 비용이다.

〈1〉 비용

1) 매출 원가

매출원가 = 기초 재고액 + 당기 매입액 - 기말 재고액

2) 판매비와 일반 관리비

판매비는 판매 활동에 따른 비용으로 관련 직원의 급여, 광고비, 판매 수수료 등이 있고, 일반 관리비는 기업의 관리와 유지에 따른 비용으로 일반적인 급여, 보험료, 감가상각비, 교통비, 임차료 등 다양하다.

3) 영업 외 비용

기업의 주요 영업 활동에 직접 관련 되지 않은 부수적 활동에 따라 발생하는 거래로 나타나는 비용이다. 예를 들면, 지급 이자 창업비상각, 매출 할인, 대손상각 등이 있다. 영업 외 비용은 영업비가 아니라는 점에서 영업비인 판매, 관리비와 구별되고, 경상적 비용이라는 점에서 특별 손실과 구별된다.

4) 특별 손실

자산 처분 손실, 재해 손실 같이 불규칙적·비 반복적으로 발생하는 손실이다.

5) 세금

세금은 개인 사업자가 영업 활동 결과 얻어진 소득을 바탕으로 내는 사업소득세와 법인이 내는 법인세가 있다.

6) 부가 가치세

물품이나 용역이 생산, 제공, 유통되는 모든 단계에서 매출금액 전액에 대하여 과세하지 않고 기업이 부가하는 가치 즉, 마진에 대해서만 과세하는 세금이다.

〈2〉 수익

1) 매출액

상품 등의 판매 또는 용역의 제공으로 실현된 금액이다.

매출액은 기업의 주요 영업 활동 또는 정상적 활동으로부터 얻은 수익이나 매출액으로부터 매출 원가를 차감하면 매출 총이익이 산출된다. 매출 총이익은 손익 계산서에 표시되는 이익 중에서 첫 단계에 산출되는 것으로 상품, 제품 등의 판매액과 그 원가를 대비시킴으로써 판매비와 일반 관리비 등 다른 비용을 고려하지 않은 상태에서 상품, 제품 등의 수익성 여부를 판단할 수 있는 중요한 이익 지표가 된다.

2) 영업 외 수익

기업의 주요 영업 활동과 관련 없이 발생하는 수익이다.

2) 특별 이익

고정 자산 처분 이익 등과 같이 불규칙적이고 비반복적으로 발생하는 이익이다.

3 비용 분석

손익 여부를 판단하기 위해서는 손익 분기점을 알아야 하는데 손익 분기점(Break-even Point)이란 일정 기간의 매출액이 총비용과 일치하는 점을 말하며, 매출액이 그 이하로 떨어지면 손해가 나고 그 이상으로 오르면 이익이 생기는 것을 말한다. 손익분기점 분석에서는 비용을 고정비와 변동비로 나누어 매출액과의 관계를 검토해야 한다.

〈손익 분기점의 계산식〉

$PQ = F + VQ \qquad \therefore Q = F / P-V$
Q : 판매량   F : 고정비   V : 변동비   P : 단위당 판매 가격

〈1〉 손익 분기점의 산출

1) 변동비

매출이 증가함에 따라 같은 비율로 증가, 발생하는 비용으로 재료비, 잔업수당, 연료비 등이 있다.

2) 고정비

기업의 생산, 매출의 증.감에 상관없이 발생하는 비용으로 월급, 감가상각, 임대료 등이 있다.

⟨2⟩ 원가 분석

　제품에 대한 원가관리 방법은 식재료 수익과 원가를 재료에 따라 부문별로 원가 분석을 실시하는 것으로, 제품관리는 이러한 단위를 계산하는 것을 가능하게 할 수 있으며, 특정 품목의 판매라고 할지라도 재료비는 그 재료의 양을 결정할 수 있게 해 주는 것이다.

제1절

수요예측과 접근방법

1 수요예측

고객의 방문 예측에 따라 생산계획 무엇을(제품명), 언제(일정), 얼마나(수량) 만들 것인가 를 결정하고 이를 위해 인력(스케쥴)관리, 식재료 구매관리 등이 이루어지게 된다. 생산계획의 중심은 생산 수량과 판매 일정이다. 생산수량 계획을 수립함에 있어 판매 수요예측을 해야 한다.

〈1〉예측의 속성

① 예측시스템은 일반적으로 과거에 있던 인과관계가 미래에도 존재하리라고 가정한다. 미래는 불확실하고 아직 발생되지 않았기 때문에 알 수 없지만 환경이 변하더라도 완전하게 모두 변하는 것이 아니고 일부만 변하며, 그 동안 존재해 온 인과관계는 상당 부분 지속되기 때문이다.

② 예측이 정확하기는 매우 어렵다. 실제 발생되는 내용은 예기된 것과 상이한 것이 대부분이다. 이는 발생되지 않은 사항을 미리 추측하기 때문이며 상황과 관련된 많은 요소들을 모두 고려하여 예측하기도 어렵기 때문이다. 각 요소를 정

확하게 예측하는 것은 불가능하며, 또한 요소가 상황에 미치는 영향의 정도에 있어서도 차이가 있기 때문에 예측은 개괄적이고 포괄적으로 수행될 수밖에 없으며, 이로 인한 오차는 감수하여야 한다. 따라서 예측된 내용은 지속적으로 추적하고 조정하여 사용함으로써 가능한 오차에 대비해야 한다.

③ 유사한 품목을 집단화하거나 그 예측기간을 넓혀 예측하는 것이 개별적이고 부분적으로 예측하는 것보다 정확하다. 이는 오차의 상쇄효과 때문이다. 따라서 동일한 수요자가 여러 가지의 품목을 사용할 수 있거나 대체품을 사용할 수 있는 경우, 한 품목의 수요는 다른 품목의 수용과 밀접한 상관관계가 있으므로 이들을 집단화하여 수요를 예측하는 것이 더욱 정확하다는 것이다.

④ 예측은 예측 기간이 길수록 정확도가 떨어지고 예측 기간이 멀수록 오차는 더 많이 발생한다. 일반적으로 단기적 예측은 장기적 예측보다 불확실성이 적기 때문에 정확하다. 따라서 예측된 수요는 지속적으로 수정하여야 하며 예측된 수요에 의하여 운영되는 조직은 변화에 잘 적응할 수 있도록 하는 것이 바람직하다.

〈2〉 예측의 접근방법과 절차

① 예측의 목적과 예측결과의 사용 시기를 결정한다. 이는 예측의 정확성 및 소요시간, 예측방법 비용 등 결정하는 데 중요한 역할을 한다.

② 예측 기간을 결정한다. 예측 기간은 예측정확도에 영향을 미치므로 중요도, 긴급도 및 가용자료의 유무에 따라서 결정되어야 한다.

③ 예측기법을 선택한다. 예측기법은 가용자료의 유무, 예측사항에 영향을 주는 요소 및 요소간의 관계, 예측의 중요도 사용경비, 긴급도에 따라 적절한 방법을 선정하고 여러 방법을 혼합하여 사용할 수 있어야 한다.

④ 필요한 자료를 수집 및 분석하여야 한다. 만일 수집이나 분석을 위해 작성된 가정이 있다고 하면 그 가정은 타당성이 있어야 하며 또한 자료의 수집 및 분석방법이 타당하여야 한다.

⑤ 만일 예측된 자료가 잘 맞으면 이를 활용하여 앞의 상황을 수정.보완 하여야 한다. 잘 맞지 않는 경우에는 가정이나 방법 및 자료의 정확성을 재검토하여야 한다.

2 수요예측의 기법

〈1〉 주관적 방법

(가) 주관적인 방법은 흔히 정성적 방법 또는 질적인 방법이라고 하며 판매원 또는 전문가나 소비자에게 직접 문의한 결과를 종합하여 판단하는 방법을 말한다.

(나) 주관적 방법으로는 판매자나 다른 전문경영자와의 대화를 통하여 수집하는 방법 또는 면담이나 시장조사를 통하여 도매상, 소매상 그리고 소비자들이 생각하는 미래의 수요수준을 종합하는 방법을 사용할 수 있다.

(다) 주관적인 방법은 계량적인 방법에서 고려되지 못하는 정성적인 또는 질적인 요인을 총괄적으로 포함시킬 수 있으며 기존에 존재하지 않은 새로운 상품에 대한 수요를 예측하는 데 많이 사용될 수 있다.

〈2〉 객관적 방법

(가) 객관적 방법에는 과거의 판매실적을 토대로 분석하여 모형을 추출하고 미래의 상황 변수를 넣거나 발견된 인과관계를 이용하여 미래의 수요를 예측하는 방법이 가장 널리 사용되고 있다.

(나) 순환이나 변동이 매년 같은 유형으로 발생하면, 이는 매년 평균과 계절지표를 사용하여 예측할 수 있다.

(다) 실적자료는 다음의 세 가지 수준에서 사용될 수 있는데 첫째, 장기적 성향분석, 둘째, 중기적 계절성 분석, 셋째, 부수적인 진동이나 비정형적인 순환현상의 파악하는 것이며, 또한 역사적인 계기나 전환점 파악에도 이용될 수 있다.

(라) 또 다른 객관적 방법은 선행지표를 사용하는 방법이다. 선행지표는 판매량에 있어서의 변화가 있기 전에 발생된 경제지표로서 이를 이용한 관련 분야의 제품수요를 예측하는데 사용될 수 있다. 특히, 경제기획원 등 관공서에서 발관되는 관련 자료나 한국은행, 증권회사 등에서 발행되는 정기간행물을 이용하면 국민총생산액, 개인소득, 취업률, 고용현황, 증권경기지표 등을 쉽게 얻을 수 있는데, 이러한 자료들을 수요예측에 유용하게 사용될 수 있다.

〈3〉 델파이 기법

델파이(Delphi)란 말은 고대 그리스 사람들이 델파이라는 곳에 있는 예언자에게 미래의 상황에 대하여 물으러 방문한 데서 유래되었다고 한다.

델파이 방법은 전문가에게 질문하여 생각하게 하고 질문한 내용에 대하여 그들의 창조력, 지식, 통찰력, 상상력 등에 의존하여 대답을 구하는 것인데, 이를 위한 단계를 보면 다음과 같다.

① 제기된 문제의 전문가가 누구인가 확인하고 누구에게 자문을 구할 것인가를 결정
② 질문할 내용이 특정 기준에 입각하여 평가되고 응답 될 수 있도록 한다.
③ 질문에 대한 각 전문인의 의견이 반영될 수 있도록 평가 기준에 서열이나 비중을 부여한다.
④ 평가자에게 익명을 보장하고 소신껏 대답할 수 있도록 한다.
⑤ 결과를 수집하여 도표화 한다.
⑥ 각 전문가에게 결과를 종합하여 보여준다.
⑦ 일반적인 견해와 다른 견해를 갖는 전문가에게 자초지종을 설명하도록 한다. 이는 대부분의 사람이 미처 생각하지 못하는 사항이거나 매우 중요한 내용일 수 있기 때문에 소홀히 해서는 안 된다.
⑧ 다른 전문가에게 수집된 내용에 대한 비중을 두기 위하여 그들의 견해를 표시하도록 한다.
⑨ 이 정보를 이용하여 보다 구체적인 질문을 반복하여 시행함으로써 어떤 특정한 결과가 합의되도록 한다.

1) 델파이 방법이 사용되는 이유

① 일련의 전문가들이 판단에 필요한 자료를 제공한다.
② 전문가들을 한 장소에 모으기 어렵거나, 모여서 대면하는 것이 불편한 경우 이용될 수 있다.
③ 독립적으로 의견을 개진함으로써 불필요한 상호영향을 배제할 수 있다.
④ 참석하는 전문가의 익명을 보장할 수 있어 정확한 의견을 개진할 수 있다.

2) 델파이 방법의 약점

① 질문서의 문항이 명확하지 못하여 질문에 대한 답이 문제와 다른 경우 볼 수 있다.

② 만일 기간이 오래 걸리면 구성원이 변경될 수 있다.

③ 전문가가 문제에 대하여 정확한 지식을 갖지 못할 경우가 있으며 이에 대한 구별을 사전에 파악하기 어렵다.

④ 결론에 대한 정확도를 증명할 수 있다.

⑤ 전문가가 응답에 대한 책임을 지지 않는다.

〈4〉 계량 예측기법

① 계량 예측기법은 예측에 있어서 추세율을 결정하거나 추세의 변환점을 파악하고, 이를 이용한 모형을 설정하여 미래를 추정하는 것이다.

② 구체적으로 계량 예측기법은 첫째, 과거 자료에서 모형을 도출하여 사용하는 시계열기법과 다른 시계열 기법은 과거에 수용한 자료를 분석하여 수준(L), 추세(T), 계절적 요인(S) 및 순환적 요인(C)을 파악하고 분석하여 그 결과로 미래의 수요를 예측하는 것이다.

둘째, 인과형 기법은 수요에 영향을 주는 요인과 이들의 영향력을 파악하고 이들 요인을 대입함으로써 수요를 예측하는 것이다.

③ 예측기법을 사용하기 위해서는 예측 오차에 대하여 분석하여야 한다.

④ 예측 오차는 실측치와 예측치와의 차이를 말하며 실제의 예측 오차는 수요가 발생한 후에야 알 수 있다.

1) 회귀 분석법

예측할 수요변수가 종속변수이며, 이를 위하여 사용되는 변수는 독립변수로 보고 독립변수와 종속변수의 관계를 방정식으로 표현함으로써 독립변수의 값이 주어진 경우 종속변수, 즉 미래의 수요를 예측하는 방법

2) 평균, 이동평균법

① 과거의 실적자료가 주어진 경우 가장 손쉽게 사용할 수 있는 방법이 평균을 이용한 방법

〈연간 수요의 자료〉

년	1	2	3	4	5	6	7	8	9	10	11
실적	10	11	12	13	12	13	13	14	14	15	16

ex) 평균법에 의한 12년차의 수요예측 결과는 다음과 같다.

$$\frac{10+11+12+13+12+13+13+14+14+15+16}{11} = 13$$

② 이동평균법은 최근의 자료 중에서 일정한 기간을 소급하여 평균을 내는 방법

ex) 4년간의 자료를 활용한다면 5차년도의 수요예측 결과는 다음과 같다.

$$\frac{10+11+12+13}{11} = \frac{46}{4} = 11.5$$

ex) 6차년도의 수요 예측결과는 다음과 같다.

$$\frac{11+12+13+12}{4} = \frac{48}{4} = 12$$

이동평균법은 수요가 비교적 안정적인 경우에 유리하다.

장점으로는 첫째, 최근 자료를 고려함으로써 변화되는 추세를 반영시킬 수 있다. 둘째, 수요에 있어서 추세에 따라서 변화된 양이 큰 비중을 차지하는 경우 예측 오차를 일정한 범위 안에서 발생시킬 수 있다.

셋째, 비중을 주는 데에서 오는 단점을 보완하기 위하여 고려 연도별 비중을 달리하는 가중이동 평균법이 개발되었다.

3) 가중 이동평균법

최근 자료에 더 높은 가중치를 주어 적용하는 방법이다.

① 단지 고려된 연도에 따라 비중을 달리하는 것을 제외하고는 이동평균법과 동일하다. 가중이동 평균법은 이동평균법보다 0.5만큼 수요예측 오차를 줄이며 어느 정도 수요의 변화에 대한 완충 작용을 함으로써 안정성이 있다고 하겠다.

② 가중이동 평균법은 이동평균법이 갖는 단점을 보완하는 반면에 매번 비중을 고려하여야 하는 번거로움이 있다.

③ 이를 보완하기 위한 방법이 지수평활법이다.

4) 지수 평활법

과거의 기록 중 시기별로 가중치(α)를 적용하여 예측량을 산출하는 방법이다. 예측된 수요와 실제 수요만을 사용하되, 예측된 수요는 과거의 실적 수요를 일정한 비율만큼 포함하고 있기 때문에 과거의 실적자료를 반영시키고 있다. 예측 수요와 실제 수요와의 차이인 예측 수요의 상당 부분을 고려하여 차기 예측수요로 사용하기 때문에 자료관리나 예측을 간편하게 할 수 있다.

지수평활법의 기본적 개념
차기 예측시 = 현재예측시 + α(현재수요치−현재예측치)

① 실적자료에 대한 개괄적인 검색이 이루어져야 한다.

② 예측 오차가 발생하였을 경우 야기되는 비용이나 손해의 정도를 파악한다.

③ 예측치에 요구되는 정확도를 파악한다.

④ 예측 기간을 파악한다.

⑤ 필요한 자료가 충분한가를 파악한다.

⑥ 예측자가 보유하고 있는 사용 가능한 기술의 정도를 파악한다.

⑦ 컴퓨터의 용량과 사용 가능성을 고려하며 적절한 방법을 선택할 수 있어야 한다.

3 효과적인 수요예측기법의 선정

① 예측은 적시에 이루어져야 한다. 예측은 상당한 시간이 요구되기 때문에 필요한 시간이 확보되어야 하며, 이는 사용 시기를 고려하여 결정되어야 한다. 또한 수요에 영향을 주는 사항이 발생될 경우 이에 상응하는 예측자료의 보완이 있어야 하며, 때를 놓치면 변화에 대한 자료를 얻지 못하는 경우가 많기 때문에 예측 시기는 시의 적절하게 선정되어야 한다.

② 예측은 정확해야 하며, 예측결과의 사용을 위하여 결과의 정확도를 항시 기술하여야한다.

③ 예측은 신뢰성이 확보되어야 한다. 신뢰성의 확보를 위하여 꾸준한 노력이 병행되어야 하며, 사용자에게 신뢰를 줄 수 있는 자료의 확보가 병행되어야 한다.

④ 예측의 단위는 의미 있는 단위로 표현되어야 한다. 또한 필요하다면 그룹과 개별품목별로 기술하여 사용자가 사용에 편리하도록 하여야 한다.

⑤ 예측결과는 서류로 작성하여야 한다.

베이커리
위생안전관리

제1장

장비 및 시설관리

제1절

장비 및 시설관리의 의의

1 시설관리의 의의

〈1〉 시설관리의 주안점

① 모든 장비와 기물은 사용방법(설명서)과 기능을 숙지하고 전문가의 지시에 따라 정확히 사용할 것.

② 장비의 사용용도 이외는 가능한 사용을 금한다.

③ 장비나 기물에 무리가 가지 않도록 사용한다(용량준수).

④ 전기를 사용하는 장비나 기물의 경우에는 전기사용량(V, A)과 일치 여부를 확인한 다음 사용하고 특히, 수분의 노출 여부에 신경을 써야한다.

⑤ 사용 도중에 모터(Motor)에 물이나 이물질이 들어가지 않도록 주의하고 청결하게 유지해야 한다.

〈2〉 시설물 선택의 일반원칙

1) 장비 및 기물과 기기의 필요성 여부

기계를 구입하여 생산하는 것이 능률적인지 아니면 구매하는 것이 효율적인지

검토 후 선택한다(빵을 굽는 기계를 살 것인지 상업 제품을 구입 할 것인지 검토).

2) 구입비용

최초의 가격, 설치비용, 운반비용, 수리비 및 작업 인원의 비용

3) 규정된 성능

성능과 사용방법의 편리성과 안정성에 의해 선택.

4) 특정조건에 맞는 조건만족도

사용하고자 하는 성능에 부합되어야 한다. 예를 들어 자동화 기계를 구매했을 경우 수(手)작업으로 작업하는 것이 효율적이라 생각되면 시설물 선택에 실패한 것이다.

5) 장비 및 기물의 안정성

안전성(Safety)이 모든 것에 우선한다. 안전한 설계원칙. 자동 차단장치 부착 등.

6) 위생적 처리능력

위생적인 면은 상품의 질과 생산 비용뿐만 아니라 고객의 직접적인 반응에도 영향을 끼치는 상태로서 구입에 직접적인 요인이 될 수 있다.

7) 모양과 디자인

모양과 디자인은 부수적인 요소이지만 생산 현장과 조화를 이루어야 한다.

8) 타 장비와의 조화성

전체적인 장비와 조화를 이루며 청소나 작업과정에서 불편을 주거나 활용성이 부합되어야 한다.

2 장비 및 기물의 구입방법

〈1〉 제작 주문

상품의 내용과 주방의 특성에 맞도록 특별한 주문 내용에 따라 제작하여 만들어진 것을 구입하는 방법(方法)으로 제작 주문에 영향을 주는 요인은

① 상품의 내용과 종류 및 분량

② 최대 수용능력

③ 생산라인의 규모와 서비스 방법

④ 특별상품(제품) 개발

〈2〉 카달로그에 의한 방법

제조업체의 표준상품이 나타난 카달로그를 보고 선택하여 구입하는 방법으로 과대 광고에 특히 주의를 필요로 한다.

3 시설관리 시스템의 구성 요소

〈1〉 바닥과 벽

바닥과 벽면은 항상 물과 식재료를 직접 바닥에 놓아 사용하기 때문에 위생적인 설계가 중요하다.

① 청소하기가 용이할 것 : 배수구는 1/100의 경사 시공하면 물의 고임이 없다.

② 기름기와 수분을 직접 흡수하지 않아야 한다(유공성).

③ 균열이나 틈새가 생겨 세균과 해충이 서식할 우려가 있는 것은 제거한다.

④ 불규칙한 바닥 면이 없어야 한다.

⑤ 배수구의 폭은 20cm정도가 적당하다.

⑥ 벽재는 청소의 용이성과 소음을 최대로 흡수할 수 있어야 하며 밝은 색상의 타일을 설치해 조명의 빛을 밝게 해 주어야 한다.

⑦ 내벽은 바닥에서 1.3m까지 내수성이 있는 자재를 사용해야 한다.

〈2〉 천정

① 내열성과 내습성이 강한 소재로서 내화 보드나 코팅 처리된 불연성 석면재가 좋다.

② 천정의 벽이 너무 높으면 냉난방의 손실이 크고 낮으면 작업이 어렵고 각종 설비 설치 시 문제가 된다(바닥으로부터 2.5m가 적당).

〈3〉 환기 시설

① 생산과정 중 발생하는 증기, 기름 냄새, 가스, 열 등을 밖으로 배출하고 신선한 공기를 공급하는 것이다.

② 환기 배출 기준

내용	성능기준
단순 환기	30회/초
열을 배출 할 경우	40회/초
악취가 심하고 다른 부위로 확산될 우려가 있을 경우	60회/초

〈4〉 조명시설

조명의 역할은 작업장 내부의 밝기에 따라 작업자의 안전성과 편리함을 주는 요인이기 때문에 조명의 방향과 조명의 색, 밝기에 주의해야 한다(밝기 : 50~100 LUX가 적당).

■4 시설의 배치관리

시설 배치는 식품생산의 최적 흐름을 위해서 작업장, 생산설비, 건물, 식재료 운반 장비, 작업 통로, 저장 창고, 주방 사무실, 보조 시설물들과 같은 물적 구성 요소의 위치를 공간적으로 적절히 배열하는 관리이다.

〈1〉 시설 배치의 원칙

① 유연성(Flexibility) : 관리운영의 융통성의 원칙

② 조정성(Modularity)

③ 단순성(Simplicity)

④ 식재료 및 종사원 들 간의 이동의 효율성(Efficiencity)

⑤ 위생관리의 용이성(Easily)

⑥ 공간 활용의 효율성(Cubic Space)

⑦ 조화의 원칙(Integration)

⑧ 안전과 만족감의 원칙(Satisfaction and Safety)

⑨ 최 단거리 운반의 원칙(Minimum Distance Moved)

〈2〉 배치계획의 단계

1) 식재료 흐름 분석

생산시스템에서 형성 되어지는 모든 요소인 재료, 작업자(제과사), 시설장비, 기물과 기기 등 생산 활동 과정에서 발생하는 이동과 같이 정량적으로 측정할 수 있는 흐름의 크기를 활동 간에 대해서 분석하는 단계

2) 활동간 관련 분석

생산활동 요인에 의한 활동 간의 관련성을 분석하여 활동 관련 표를 작성하여 표기하는 방법.

3) 흐름과 관련도 작성

작업의 흐름에 따른 관련성을 공간 구조에 맞게 배열 토대를 마련하는 단계.

4) 소요 면적 결정

각 생산활동에 의해 필요한 공간의 크기와 형태를 사용 가능한 면적과 건물현상을 고려하여 결정하는 단계.

5) 공간 관련도 작성

소요 면적이 산출되었으면 각 활동의 크기를 추가하여 공간 관련도 작성.

6) 배치대안 개발

공간 관련도를 기본으로 여러 개의 가능한 블록 평면도 대안을 개발.

7) 평가 및 선택

개발된 배치 대안에 대하여 각각의 장점과 단점을 검토하거나 또는 설정된 평가 기준을 근거로 분석하여 최선의 배치계획을 선택하는 단계이다.

〈3〉 유형별 배치단계

1) 고정 배치단계(Layout Fixed Position)

생산품이 일정한 곳에서 다량으로 판매되어야 하고 그 생산 구조가 복잡 다양한 형태를 갖추고 있을 때, 또한 특정 생산품을 움직이는 대신 제품생산에 필요한 원재료나 시설설비 및 종사원 등이 생산되는 상품의 생산 장소로 이동시키는 것이 유리한 경우에 배치하는 방법.

2) 과정별 배치(Layout by Process) = 기능별 시설배치

동일 제품과 기능으로 인해 상품을 생산해야되는 경우 시설을 기능별로 묶어서 배치하는 방법이다.

생산하는 상품이 동일한 제품이나 유사한 공정의 작업을 한 곳에 집중시키고자 할 때 이루어지는 시설배치형태의 대표적인 방법이다.

3) 상품별 배치(Layout by Product) = 라인 배치(Line Layout)

상품별 배치형태는 대량 생산이나 연속 생산 작업장에서 흔히 볼 수 있는 배치형태로 같은 장소에서 일직선상에 시설물을 배치하여 작업하는 형태.

5 시설물 세척관리

〈1〉 기물류 및 식기류 세척 방법

1) 세제 사용 세척 법

세정액에 의해 오염된 시설물을 물리적으로 제거하는 방법. 이는 기물 세정액으로 세척한 다음 반드시 깨끗한 물로 헹구어 내도록 한다.

2) 세제의 종류 및 사용 용도

세제종류	사용용도
디스탄(Distan)	은 도금류(Silver Ware, Silver Plate)로 된 모든 기물세척에 사용.
린즈(Linze)	계면활성제로서 식기류 세척제이다. 사용된 식기가 세척기에서 빠져나올 때 건조시켜 주는 작용을 하며, 100ppm 미만의 소량을 사용하는 것이 좋다.
사니솔(Sanisol)	염소가 다량 함유되어있는 약 알칼리성이며, 세균, 살균, 악취 제거제로서 식기를 세척 한다든지 또는 주방바닥을 청소 하고자 할 때에는 60 ~ 70℃의 뜨거운 물에 0.2 - 0.3%만 물과 혼합하여 사용한다.
오븐크리너 (Oven Cleaner)	계면 활성제이며 강알칼리성 세재이다. 세척하고자 할 때에 는 오븐 온도를 80 - 90℃ 정도로 달군 다음 사용하고 사용 시 피부나 눈에 닿지 않도록 주의하고 반드시 장갑을 끼고 사용한다.
론자(Lonza)	수질의 부패방지 및 이끼 세척제.
팬크리너 (Pan Cleaner)	배기용 후드 등 기름때가 많은 벽, 타일등의 세척시 사용. 물과 크리너의 비율은 1 : 3 정도로 희석하여 사용
디프 스테인 (Dipstain)	플라스틱, 도자기류, 유리 그릇류, 프라이팬, 타일, 벽 등에 사용 하는 세척제

3) 소독제 사용 세척법

식기와 식품의 소독에 주로 사용되는 세척 방법으로 주로 식중독, 소화기계 전염병을 예방하기 위해 행하여진다. 소독제로서 사용되고 있는 것은 염소산나트륨이 있다. 주방의 작업대, 기물 및 장비, 도마 등의 세척 하는데 좋은 방법으로, 염소 용액제, 옥소 소독제, 강력살균 세척 소독제가 있다.

4) 증기 및 열탕 소독

기물류, 도마, 행주 등의 세척. 증기소독은 110 – 120℃에서 30분 이상. 열탕소독은 30초 이상해야 한다.

5) 자외선 세척

자외선 중 2357A의 살균력이 강한 것을 이용한다.

제2절

위생관리

1 위생관리의 개요

위생관리를 하는 궁극적인 목적은 식용 가능한 식품을 이용하여 음식상품이 만들어지는 과정에서 음식을 만드는 사람(조리, 제과사 등)과 장비(시설) 및 식품 취급상의 인체 위해를 방지할 수 있도록 충분하게 위생적으로 관리하는 것이다.

1) 위생관리의 필요성

훌륭한 위생관리의 결과를 얻기 위해서는 생산 장소와 매장에서 이루어지는 모든 위생관리 과정이 중요하다. 우선 종사하는 개개인은 신체적으로나 정신적으로 건강해야 하며 투철한 위생 관념과 동시에 위생 준칙을 준수하는 자세가 습관화되어 있어야 한다.

2) 위생관리의 내용

① 종사원들의 채용과정에서 건강상태를 철저히 확인하여 제과직무에 문제가 없도록 선발한다

② 작업장에 설치되어있는 장비와 기물, 기기 등의 취급방법과 보존방법 및 손질 방법을 습득하도록 하는데 철저한 교육이 필요(주별, 일별, 정기적인 전체 미팅(Meeting)실시한다.

③ 식재료를 취급할 때는 위생과 안전에 대한 요구사항을 규정하고 설명해야 한다.

④ 모든 위생에 관련된 사항은 우선순위를 두지 말고 똑같이 중요하게 지키도록 한다.

2 위생관리의 목적

생산 및 판매 부서에서는 취급하는 모든 식품은 고객에게 직접 제공하는 과정에서 일어날 수 있는 식품 위생상의 위해를 방지하고 고객의 안전과 쾌적한 식생활 공간을 보장하는 데 있다.

1) 종사원 측면에서

① 자신을 질병으로부터 보호하여 정신적, 신체적으로 건강 유지
② 쾌적한 생산과 판매 공간을 확보하여 작업능률 향상
③ 종사원들의 작업 재해를 미연에 방지한다.

2) 식재료 취급 측면에서

① 식품 취급과정에서 일어날 수 있는 각종 전염성을 방지하기 위해 위생담당자 자체 수거 검사 월1회, 국가기관에 의뢰 실험
② 상품의 질적 가치를 향상시킨다.
③ 식재료의 보존상태 확인(유통기한, 온도관리)
④ 원가 절감의 원칙을 적용한다.

3) 시설관리 측면에서

① 종사원들의 안전사고 방지를 위한 사전 교육을 실시한다.
② 장비 및 기물과 기기의 경제적 수명 연장을 위한 관리
③ 단위 면적당 작업능률을 향상(수익성 향상)
④ 상품의 질적 가치 유지(신상품 개발)

3 개인 위생관리

베이커리에서 종사하는 종사자의 개인위생은 곧 고객들의 건강 및 안전과 직 · 간

접적으로 직결되는 중요한 사항이기 때문에 철저한 자기 관리를 통하여 사전에 예방하는 것이 중요하다.

1) 건강진단

검사항목	내용
소화기계 전염병	콜레라 장티푸스, 파라티푸스, 세균성 이질 등
결핵	폐결핵 증
혈청검사	매독, AIDS
간염검사	항원 항체 양성자
전염성 피부질환	나병, 세균성 피부질환
약물중독검사	마약, 필로폰 등

2) 베이커리 종사자의 위생 의무사항

① 손과 손톱을 짧게 깎고 청결하게 관리한다.

② 보석류, 시계, 반지는 작업장에서는 착용하지 않는다.

③ 화농성 피부질환이 있는 사람은 작업하지 않는다(포도상 구균).

④ 주방은 항상 정리 정돈하여 처음 그대로의 업장을 유지한다.

⑤ 작업 중의 상태로 화장실 출입을 금하고, 손은 얼굴, 머리 등에 접촉 하지 말 것

⑥ 식품을 취급하는 기구나 장비, 기물은 입과 귀, 머리 등에 접촉하지 말 것

⑦ 더러운 도구나 장비가 식품에 닿지 않도록 주의할 것.

⑧ 손가락으로 맛을 보지 말 것.

⑨ 주방용 신발은 규정된 사이즈의 안전화를 신을 것.

⑩ 향이 짙은 화장품은 사용하지 않는다.

⑪ 업무 중에는 잡담하지 말 것.

⑫ 항상 깨끗한 행주를 사용하고 사용 후 삶는다.

⑬ 위생원칙과 식품 오염원을 숙지할 것.

⑭ 정기적인 위생교육을 이수할 것.

⑮ 업무에 지장을 초래할 정도의 병이나 전염성이 있다고 생각되는 병이 났을 때는 근무 하지 말 것.

⑯ 항상 자신의 건강을 체크한다.

⑰ 과음이나 흡연은 피한다.

3) 개인위생(손씻기)

① 손목 위까지 비누로 씻고 오염물을 깨끗이 제거한다.

② 손끝의 세정, 특히 손톱 밑의 세정에 주의해야 한다.

③ 비누의 알칼리성이 남지 않도록 한다.

④ 흐르는 물에 30초 이상 씻는 것이 좋다.

⑤ 종이 타월이나 공기 건조기로 건조시킨다.

4) 위생복

① 위생모, 스카프 : 위생모는 머리카락을 완전히 덮히도록 써야 하며, 스카프는 단정하게 착용한다.

② 상의 : 본인 몸에 너무 꼭 맞는 옷을 입지 말고, 소매는 손목이 5cm 정도 노출이 되도록 접어 올려 입는다.

③ 하의 : 양말이 보이지 않으며 바닥에는 끌리지 않는 사이즈로 선택

④ 앞치마 : 앞치마 선은 벨트 선을 기준으로 묶은 후 매듭은 너덜거리지 않게 마무리 한다.

⑤ 머플러 : 머플러는 비듬방지와 다쳤을 때 손을 걸기 위해, 직급 표시로 사용된다.

⑥ 안전화 : 미끄럼 방지용 재질, 가죽 내부에 안전장치가 들어있는 재질 선택한다.

4 식품 위생관리

식품 위생관리란 식품 및 첨가물, 기구, 포장을 대상으로 하는 음식에 관한 위생으로써 비위생적인 요소를 제거하여 음식으로 인한 위해를 방지하고 우리의 건강을 유지한다.

1) 식품 위생관리의 필요성

식품 및 첨가물에 변질, 오염, 위해물질의 유입 등을 방지하고 음식물과 관련 있는 첨가물, 기구, 용기포장 등에 의해서 불필요한 이물질이 함유된 비위생적인 요소를 제거함으로써 이와 같은 원인을 미연에 방지하고 안전성을 확보하는 것이다.

2) 식품위생관리의 영향 요소

미생물종류	종류
진균류	곰팡이, 효모
세균류	구균, 간균, 나선균
바이러스	천연두, 일본뇌염, 광견병
스피로헤타	매독균, 와이우씨병의 병원균체
원충류	이질, 말라리아

① 미생물 발육조건 – 수분, 영양소, 온도, 산소, pH
② 부패 – 단백질 분해 현상
③ 변패 – 단백질 이외의 성분, 탄수화물, 지방 미생물에 의해 분해
④ 산패 – 발효 현상 중 산을 생성하여 시어지는 현상, 즉 유지가 산화되는 현상
⑤ 발효 – 미생물이 분해 작용을 받아 탄수화물이 유기산, 알코올로 생성되는 현상

제3절

안전관리

1 안전관리의 의의

생산라인은 작업과정에서 안전사고를 유발할 수 있는 요인이 산재해 있는 곳이기 때문에 안전관리에 따른 설비를 설치하고 종사원에 대한 정기적인 안전교육이 중요하다. 특히, 종사원들의 부주의에서 오는 상해, 찰과상, 찰상, 화상, 각종 폭발 사고 등 시설관리 부주의에서 오는 사고를 미연에 방지하기 위해 안전관리는 그 무엇보다 중요한 의의를 갖는다.

2 안전수칙

1) 작업자의 안전수칙

① 안전한 자세로 작업에 임해야 하며 특히 주방에서는 뛰어다니거나 장난을 해서는 안된다.

② 작업 시에는 편안한 유니폼과 안전화를 착용하고 뜨거운 용기를 이동 할 때는 마른 면이나 장갑을 사용하며, 이동시에는 큰 소리로 이동 중임을 타인에게 알린다.

③ 무거운 통이나 짐을 들 때는 허리를 구부리는 것 보다 쪼그리고 앉아서 들고 일어나도록 한다.

④ 짐을 들고 이동 할 때에는 전, 후, 좌, 우를 살피고 이동한다.

⑤ 바닥에 기름이나 음식물이 흘려져 있는 경우에는 먼저 보는 사람이 치우거나, 타월이나 기타 표시할 수 있는 물건으로 표시 후 나중에 청소한다.

제2장 식재료관리

제1절
재료관리

1 식재료관리의 의의

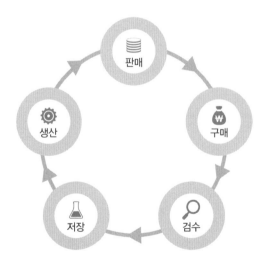

식재료관리는 공급자, 재고, 생산수준, 인력일정 계획과 관련된 일체의 단기 의사결정을 의미하며, 식재료관리 사이클은 구매, 검수, 저장, 생산, 판매로 이어진다. 단계별로는 외부 업체로부터 재료나 서비스를 구매하는 것이고 원재료는 일단 저장되었

다가 몇 단계의 공정을 거쳐 제품으로 변환되어 고객에게 제공된다. 기업이 고객 요구의 변화에 반응하면서 이 과정은 반복된다.

식재료관리는 단기 의사결정이므로 근본적으로 전략이라기보다 전술적이다. 그러나 그 효과가 누적되어 경영성과에 영향을 미치므로 경영층의 주의가 필요하다.

② 식재료관리의 목적

식재료관리의 목적은 적량·적질의 식재료를 적정가격으로 구매하여 최적의 상태로 확보하고 이를 필요로 하는 생산현장에 적시에 공급·조달함으로써 상품인 음식을 고객에게 원활하게 제공 하는 데 있다. 식재료의 구입에서부터 저장·출고·생산·판매에 이르는 과정별 업무를 수행하는 각 기능면에서 생각해 보면 구매관리, 창고관리, 출고관리로 구분된다. 이들 업무는 식재료 흐름의 1단계에서 중요한 업무로서 각각의 단계별 업무 활동이 통일된 시스템 원리에 의거 능률적으로 이루어 질 때 베이커리 경영의 목표가 되는 최상의 상품을 최적의 식재료 원가로 생산과 공급을 가능케 하는 수익적 운영의 기반이 되는 것이다.

③ 식재료관리의 중요성

〈1〉 현실적인 측면

1) 원가의 중요성

원가를 재료비, 인건비, 경비로 분류할 경우 원가 중에서 재료비가 차지하는 비중은 대단히 크다. 따라서 재료의 사용량이나 자재의 구매비 등에서 자재비를 절감하는 것이 가능하다면 즉시 원가 절감이 이루어진다. 원가절감에 있어서 인건비를 대상으로 하면 여러 가지 어려움이 따르게 되지만 식재료를 대상으로 원가 절감을 할 경우 인간적인 감정문제는 발생하지 않는다.

2) 시간적(납기) 중요성

이는 납기의 중요성을 의미 한다. 제품의 납기 지연은 연체료 지불이나, 기업의 신용을 잃게 되므로 자재관리가 중요하다.

3) 수량의 중요성

제품이나 상품의 요구 수량을 충족시키지 못하는 원인의 대부분은 재료관리의 물량에 있다. 물적 확보에 대한 노력이 결여되어 있을 때 생산 작업은 혼란을 가져오게 된다. 그리고 결과적으로 영업의 부진상태를 가져오게 된다. 따라서 식재료관리는 양적으로의 중요성을 주지시키는 의무를 가지게 된다. 그리고 자재의 필요량을 충족시키지 못하면 안 되므로 이 양적 중요성은 시간적 중요성과 더불어 다가오는 것이 현실이고 어떠한 경우에서도 피할 수 없는 현실적인 부분이 된다.

〈2〉 기능적인 측면

1) 원가 절감으로 기업의 이익 창출

기업의 이익을 창출하기 위해서는 회계적인 측면과 원가 계산적인 측면에서 자본 회전율을 높이고 재고 자재의 합리적인 관리와 제조원가를 낮추어야 한다. 기업들의 자재비는 제조원가에서 가장 큰 비중을 차지하고 있고 그 비율은 매년 증대되는 추세를 보이고 있다. 노동 집약형에서 기술 집약형과 고부가가치산업으로 전환되면서 설비의 현대화와 생산 방식에 따라 노동생산성이 현저하게 향상되고 또한 노무비와 경비는 대폭적으로 줄어들었다.

그러나 자재비의 산출금액은 상대적으로 비중이 크게 되었다. 현장 작업 라인에서 개선이 되고 원가 중에서 노무비와 경비를 줄일 여지가 적어지므로 재료비 절감방법의 중요성이 강조되고 있다. 따라서 재료비의 비중이 높게 되고 운전 자금이 증대되어 자금 측면에서 재고 계획과 구매계획의 제약이 많아지게 되었다. 즉 자재

계획과 구매 검수에 관한 관리로 재고자재가 신속히 유통되도록 하고 재고의 적정화를 기하도록 하는 것이 중요하다.

2) 완제품의 품질, 원가, 납기에 대한 직접적인 영향

재료의 품질, 원가, 납기는 완제품에 직접적인 영향을 미친다. 특히 외주 이용도가 증가됨에 따라 품질과 납기관리가 중시되어 왔다 또한 기업의 재고량 감소가 있을 때에는 구입품의 납기관리가 중요시 되고있다. 이상의 사항은 중요도와 업종의 생산 방식에 의해 변동되고 그것에 대한 중요도가 높아짐에 따른 경영방침을 결정하는데 큰 영향을 미치게 되고 나아가서는 경영전략에도 영향을 미치게 된다.

제2절
구매관리

1 구매관리의 정의

구매란 소비자가 제품 또는 원재료를 구입하기 위하여 생산자 또는 유통업체와 상담을 하고, 유형·무형의 계약을 거쳐 상품을 인도받고 그 대금을 지불하는 전체 과정을 말한다.

경영관리에 있어서 광의의 구매 활동에는 토지, 건물, 기계, 비품, 설비, 원재료 및 노동력의 조달이 포함될 수 있다. 여기에서 기계, 설비 등의 구입은 생산관리나 경영관리 부문에서 취급하고 노동력의 조달 문제는 인사관리 부문에서 취급된다.

따라서 순수한 의미의 구매관리 대상은 원재료와 제품의 구매활동에 국한된다고 할 수 있다. 이를 좀 더 구체적으로 살펴보면

① 경영관리 상 필요로 하는 적정한 조건과 물품을 선정

② 구매계획에 따라 구매량 결정

③ 시장조사를 통한 공급자 선정

④ 유리한 조건으로 구매할 수 있도록 협상 및 계약체결

⑤ 적시 적량 납품 되도록 관리

⑥ 구매 활동에 관계되는 검수, 저장, 불출, 원가관리 등의 사무 처리를 명료하게 하는 활동이다.

구매 활동에서 필수적으로 고려되어야 할 것은 품질, 수량, 시기, 가격, 공급원, 장소 등으로 이 모든 것이 조화를 이루어 기업으로 하여금 원가 절감과 활발한 상품관리 및 능동적인 고객 대응이 이루어질 수 있게 하는 것이다.

2 구매관리의 중요성

생산시설의 기계화, 고도의 산업분화로 인하여 구매 활동은 기업 활동면에서나 가정경제 면에서도 매우 중요한 위치를 차지하게 되었다.

생산시설이 고도로 기계화되고 자동화되어 있기 때문에 제품의 가격 중 인건비가 차지하는 비중보다 재료비가 차지하는 비중이 커지게 되어 필요한 원자재를 언제, 어디서, 누가, 어떻게 구입하느냐 하는 문제가 기업의 영업에 미치는 영향이 커지게 되었다

3 구매의 방법

구매 방식	집중구매	분산구매
내용	기업에서 필요로 하는 물품을 한개 업소에서 집중시켜 구매하는 방식이다	각 업소별로 필요한 물품을 분산해서 구매하는 방식이다
장점	일관된 구매방침을 확립할 수 있다. 구매가격이 저렴해진다. 구매비용이 절약된다.	구매절차가 간단하고 능률적이며 긴급시 유리하다.
단점	한 개 업소에서 여러 가지를 취급하므로 능률이 저하되고 연락사무가 복잡하다	경비가 많이 들고 구입 단가가 높다.

4 정기구매와 수시구매

구매 방식	정기구매	수시구매
내용	계속적으로 사용되는 물품의 구입 시 이용되는 방식.	구매요구서가 들어 올 때마다 수시로 구매하는 방식
장점	표준 재고량이 일정량에 도달하면 자동적으로 구매하는 경우이며 생산계획에 입각하여 정기적으로 구매하는 경우가 있다.	비정상적이며 돌발적인 경우 이루어진다

5 기타 구매방식

구매방식	내용
시장구매	시장변동 상황에 따라 구매하는 방식이다.
투자적 구매	구매하고자 하는 물품의 시장 상황이 좋을 때 필요량 이상으로 다량 매입하여 가격이 상승할 때 일부를 전매할 목적으로 물품을 구매하는 방식이다.
일괄위탁구매	구매하고자 하는 물품이 소량이면서 다양한 경우 특정 업자에게 구입원가를 명백히 책정하여 일괄 위탁하여 구매하는 방식이다.
공동구매	공동의 목적을 가진 이해 관계자간의 협약에 의하여 이루어지며, 경영자나 소유주가 서로 다른 조직체들과 공동으로 구매하는 방식이다.

6 구매계약

〈1〉 계약의 법률적 의의

계약은 채권·채무의 발생을 목적으로 하는 서로 대립 되어있는 2개 이상의 의사가 합치함으로써 성립하는 법률행위이다.

〈2〉 계약의 성립·효과·해제

1) 성립

구매계약은 구매할 물품에 대한 청약행위와 이에 대한 상대방의 승낙으로 성립한다.

① 청약 : 어떤 내용의 계약을 체결한 것을 상대방에게 요청하는 행위.

② 승낙 : 청약자가 제시한 계약 내용에 합의를 표명함을 말한다.

2) 효력

구매계약의 법적 효력은 입찰이라는 청약행위가 낙찰에 의해 승낙되어 그 승낙된 사실이 낙찰자에게 통보된 후 낙찰자가 이를 접수한 순간부터 발생한다. 이와 같은 계약의 효력은 계약의 해제 또는 종료로 소멸된다.

3) 해제

계약체결로 인하여 발생하는 법률효과를 소급하여 무효로 하는 것으로 해제권을 가지고 있는 자의 일방적인 의사표시로 이루어진다.

4) 해지

미래에 대한 법률효과를 무효로 함을 말한다. 계약체결 당시로 소급되지 않고 장래에 대해서만 효력이 소멸된다.

구매계약 해지의 경우
납품업자 측이 계약조건을 완전하게 이행하지 않을 경우
구매자 측의 사정변화 : 구매자 측의 사정으로 인해(재고상품多)계획 변경을 하거나 납품업자에게 해제 요구를 할 때에는 납품업자와 상의해서 해약보상금을 지불해야 한다

〈3〉 구매계약의 유형

경쟁 입찰은 일반경쟁 입찰과 지명경쟁 입찰로 나누어 진다.

① 일반경쟁 입찰 : 신문, 광고, 게시 등을 이용

② 지명경쟁 입찰 : 몇몇 업자를 지명하여 계약조건을 제시한 후 입찰시키는 방식

7 구매가격

〈1〉 가격의 종류

1) 경쟁가격

품질이나 거래조건이 규칙적인 상태 하에서 다수의 공급자와 다수의 수요자를 상대로 경쟁하여 수요공급의 관계에 의해 결정되는 가격을 말한다.

2) 관리가격

불완전 경쟁 상태에서 독과점 업자가 가격 결정을 지배적으로 관리할 때 형성되는 가격

① 독점 : 상품의 생산자(판매자)가 하나인 경우

② 과점 : 상품의 생산자(판매자)가 소수인 경우가 있다.

3) 통제가격

정부가 공익성을 띤 서비스나 상품의 가격 결정을 인위적으로 통제하여 형성되는 가격이다.

4) 공정가격

공공기관에서 판매되는 상품이나 서비스, 가격을 정부가 결정하여 형성된 가격이다.

〈2〉 가격 결정의 내용상 분류

1) 시장가격

일정 시(一定時), 일정 시장에 있어 실제로 상품이 거래되는 가격. 수요공급의 관계에 의해 가격이 결정된다.

2) 개정가격

상품의 명확한 가격이 결정되어 있지는 않으나 일정한 범위의 가격이 잠정적으로 정해져 있는 상태의 가격으로 판매자 당시의 환경이나 조건에 의해 결정된 가격이다.

3) 정가가격

판매자들의 판단에 따라서 결정하는 판매가격으로 전국적으로 시장성이 강한 상품에 많다.

4) 협정가격

판매자들이 자유경쟁에 의해 초래되는 가격의 하락을 방지하고 기업이윤을 확보하기 위하여 그들 간의 자주적 협정에 의하여 결정되는 판매가격이다.

〈3〉 구매가격 결정에 영향을 미치는 요인

1) 상품의 원가 및 품질

상품 생산에 투입된 재료비, 노무비, 경비의 합계액이 제조원가이며 상품가격 결정에 가장 기본적인 요인이 되며 상품의 성능, 품질 속성 등도 가격 결정에 많은 영향을 준다.

2) 시장의 특수성

시장의 규모나 지리적 위치, 구매빈도, 구매 관습도에 따라 가격 결정에 직접적인 영향을 미친다.

3) 시장 수요의 탄력성

상품 수요의 탄력성이 작을 경우 높은 가격으로 결정되고 상품 수요의 탄력성이 클 경우 가격이 낮아진다. 수요의 탄력성이란 재화의 가격이 변화했을 때 그것이 수요량에 어떤 변화를 주는가를 보여 주는 비율이다.

4) 경쟁업체의 가격

경쟁기업의 가격변경, 할인 등의 가격정책이 타 기업의 가격결정에 영향을 준다.

5) 유통과정의 마진

유통과정의 단계 수나 이윤의 폭이 가격 결정에 영향을 미친다. 즉, 유통과정 중 도매상, 소매상 등 중간과정이 많은 경우나 각 단계별 이윤의 폭이 클 때 가격이 높아진다.

6) 마케팅 전략

기업의 마케팅 전략이 가격 결정에 영향을 주며 즉, 판매촉진을 위한 광고(PR)활동이 큰 경우에 판매가격이 높게 결정된다.

7) 심리적인 요인

특정상품이 장래에도 지속적으로 수요가 많을 것이라는 심리적인 요인에 의해 가격이 높게 결정된다.

제3절

검수관리

검수관리란 구매명세서의 주문에 따라 주문한 내용 즉 품질, 수량, 규격 등이 일치하는가에 대하여 관리하는 제반 활동을 말한다. 검수관리가 제대로 이행되지 못할경우 낮은 생산량과 식재료 품질의 저하를 가져와 원가의 효율성을 떨어뜨리고 이는 기업의 목표인 경영성과에 차질을 가져오게 된다.

1 검수방법

1) 전수 검수법

납품된 물품 전체를 하나하나 검사하는 방법으로 물품이 소량이거나 고가품인 경우에 적합한 검수법이다.

장점으로는 물품전체를 확인하기 때문에 불량품이 입고될 우려가 없으나, 단점으로는 전체를 대상으로 검사하기 때문에 시간과 비용 낭비가 많다.

2) 발췌 검수법

납품된 물품의 일부를 무작위로 선정하여 검사하는 방법으로 검수 항목이 많을 경우나 대량으로 물품이 입고될 때 사용된다. 일부 불량품의 입고 우려가 있으나 시간적 비용 측면에서 유리한 방법이다.

2 검수 시 유의 사항

검수 시 유의사항은 다음과 같다.

① 검수에 관련된 내용에 있어서는 구매자나 공급자 양측에서 공정성과 타당성을 갖추어야 한다.

② 검수는 배달 즉시 이루어져야 한다. 즉, 너무 많은 시간적 지연은 불신을 초래할 수 있다.

③ 검수 결과에 대한 내용은 검수 종료 시 바로 기록하고 검수원과 공급자 모두 서명함으로써 기록을 남겨야 한다.

④ 검수 형태나 정밀성 정도는 구매한 물품의 중요성에 따라 적절히 결정될 문제이며, 너무 소홀히 다루어지거나 혹은 검수에 너무 많은 시간과 비용을 소비해서도 안된다.

제4절

저장관리

1 저장관리의 목적

저장관리란 검수 과정을 거쳐 입고된 식재료를 저장 과정에서 발생할 수 있는 도난과 부패로 인한 낭비 요소를 최소화하여 생산에 차질이 발생하지 않도록 하는 데 있다.

2 효율적인 저장관리

식재료의 효율적인 저장을 위한 관리기준은 다음과 같다.

① 식재료의 저장 위치를 정확히 파악하기 위해서 물품카드를 작성하여 식재료의 위치를 쉽게 파악할 수 있도록 해야 한다.

② 저장 창고의 시설관리를 위해 적정한 온도 유지 등의 정기적인 점검을 통하여 유사시 사고에 대비하여야 한다.

③ 재료의 명칭, 용도, 규격 및 기능별로 그 종류를 분류하여 저장해야 한다.

④ 재료는 먼저 저장된 순서에 따라 불출 되어야 하며(FIFO), 그렇게 관리하기 위해서는 입고 순서에 따라 불출이 가능하도록 적재되어야 한다.

⑤ 충분한 공간확보이다. 이는 물자 자체가 점유하는 공간 이외에도 물자 이동 장비의 가동공간도 함께 고려되어야 한다.

3 저장방법

1) 건조물품 저장고

건조 물품에 대한 온도는 10℃ 정도가 적당하며, 상대습도는 50~60%이지만 곡류는 이보다 더 낮아야 하고, 채광과 통풍상태를 잘 유지해야 하며, 온도계와 습도계를 설치한다. 캔 제품의 경우에 있어서도 화학적인 부패가 온도변화에 따라 발생하기 때문에 대부분이 건조 물품은 비교적 서늘한 곳에서 유지해야 한다. 건조 물품은 일반적으로 온도상승에 따라 영양적인 손실을 초래하며, 습기가 많은 저장고는 제습기를 설치하고, 상대습도가 너무 낮거나 공기가 너무 건조 시에는 물을 분사하여 조절한다. 저장고는 공기순환이 잘 이루어지도록 환풍 시설을 설치한다.

또한 건조 물품 저장고 내의 냉장 장치는 콤프레셔(Comprssor)와 콘덴서(Condenser)에 의해 열을 발생시키기 때문에 정기적인 점검과 안전문제에 주의해야한다. 저장고 창문은 차광으로 내부온도 상승을 억제하고, 저장고의 조명은 너무 밝아서도 안 된다.

2) 냉장 저장고

냉장 저장고는 과일, 채소, 생선 등의 일시적인 저장품을 보관하는 데 사용되며 식품이 품질유지 및 영양가 손실을 최소화 하는데 목적이 있다. 이러한 목적을 달성하기 위해서는 미생물의 성장억제나 지연에서 요구되는 낮은 온도를 유지해야 하며, 온도 0~4℃, 상대습도 75~85%와 같은 온도와 습도상태에서 저장관리해야만 한다.

한편 너무 높은 습도는 미생물의 성장을 도와서 부패를 촉진시키며, 너무 낮은 습도는 식품을 건조시키는 원인이 된다. 냉장 저장고는 철저한 위생관리를 위해서 정기적으로 세척해야 하고, 냉장고 내부의 공기 순환이나 습도의 조절은 냉장고내의 품질유지를 위해서 매우 중요하다 또한 냉장고 내에 온도계를 설치하여 수시 온도 점검이 필요하며, 냉장고의 문을 여는 횟수를 최소화 해야한다.

3) 냉동저장고

냉동저장고는 식품의 장기보존에 사용되며, 주로 육류 및 생선류의 장기간 보관 목적으로 냉동 후 사용하게 된다. 냉동고의 온도 −23~18℃이며, 너무 장기보관 시 냉해(Freezer Burn), 탈수(Dehydraion), 오염(Contamination) 및 부패(Spoilage) 등 품질 저하가 발생하게 된다. 따라서 냉동식품의 운반은 냉해 방지와 수분 증발을 억제하기 위해서 포장하거나 밀봉하여 냉동상태에서 이동과 저장이 이루어져야 한다.

냉해는 갈색으로 변색되며 현상으로 주로 지방 산패에 의해 발생한다. 냉동식품을 사용할 때에는 냉장실이나 해빙 고에서 해동하고, 해동이 끝난 식품은 다시 냉동시켜서는 안 된다. 냉동 저장 시 유의사항과 저장과 관리방법은 냉장저장법과 동일하다.

출고관리

출고(Issuing)는 납품된 물품이 사용부서의 요구에 의해 저장고로부터 생산부서 및 각 영업장으로 출하되는 과정을 말한다. 즉 검수 과정을 거쳐 저장고에 입고된 물품이 필요에 의해 불출하는 것을 의미하고 있다. 출고에는 검수 후 저장고를 거치지 않고 직접 생산부서로 출고하는 방법과 검수 후 저장고를 거친 다음 일정 기간 보관 후 생산부서의 요청에 의해 출고하는 방법이 있다. 물품 출고 시에는 출고전표를 활용하고 있다.

1 출고관리 절차

1) 식재료 청구서 내용에 의한 식재료의 출고관리

식재료의 출고는 반드시 식재료 청구서(Food Requisition)를 작성하여 제출해야 한다. 특히 저장고로부터 식재료 인출에 필요한 청구서(Storeroom Requisition)는 식재료의 재고 및 출고사항 파악에 사용할 뿐 아니라, 월 식음료 매출 원가율(Month to Date Cost Percent to Sale)을 구하는 데에도 필요자료로 이용된다.

2) 출고업무 담당자의 처리과정

저장 창고에서 출고되는 모든 식재료는 출고업무 담당자(Issuing Agent)가 원활한 처리를 위해 "수입품목"과 "국산품목"별 청구서를 각각 구분하여 출고할 수 있도록 해야 한다.

3) 식재료 청구서의 처리순서

식재료 청구서의 처리나 제출된 수령의뢰서 순서에 따라 물품의 출고가 이루어져야 한다. 그러나 예측하지 못했던 식음료 행사 예약으로 인한 긴급한 식재료 소요에 따른 물품청구가 있을때에는 예외적 조치가 가능하다.

4) 물품취급에 따른 업무의 효율성

출고관리자가 식재료의 물품을 취급할 때에는 일의 능률을 위해서나 물품의 위생적 취급을 위해서도 손수레(Hand Cart)등을 이용되는 것이 바람직하다.

5) 식재료 출고 이후의 사후관리

물품청구서의 내용에 따라 물품을 출고시킨 뒤에는 그 내용을 장부에 기록하고 접수한 계원의 사인을 받아두는 것이 재고관리(Stock Control)의 목적에 이용한다. 또한 물품청구서는 원가관리부서에 보내는 외에도 그 사본을 창고관리장부(Storeroom File)에 보관하고 형태별, 품목별로 식재료를 종합 집계한다.

제6절

재고관리

재고관리란 식재료를 사용하고 남아 보관중인 것을 말하며, 상품구성과 판매에 지장을 초래하지 않는 범위 내에서 재고 수준을 결정하고 재고상의 비용이 최소가 되도록 계획하고 통제하는 경영기능을 의미한다.

1 재고의 기본기능

재고는 소비자 서비스의 극대화 제품 생산과정의 유연성 제공 및 생산원가의 안정적 유지를 위해 필요하다. 구체적으로 재고는 제품의 공급과 수요의 시간적 차이를 해결하고 다량의 제품 주문시 공급자로부터 가격할인을 받을 수 있으므로 구매비용을 감소시킬 수 있고 인플레이션 등 가격변동에 대비할 수 있으며 계절적 변동이나 수요 폭등에 대비한 완충역할을 하며 적절한양의 재고는 재고 부족을 최소화하거나 이를 방지한다.

2 재고관리의 목적과 비용

〈1〉 재고관리 목적

유동자산 가치파악과 재고품 상태의 파악 식재료 원가비용과 미실현비용의 파악, 재고회전율의 파악, 신규주문 대비이다. 이 밖에 재고관리는 고객을 위한 서비스가 재고비용과 균형이 이루어지도록 적정한 재고를 유지하는 것이 주요 목적이라 할 수 있다. 재고비용을 최소화 하면서 고객의 수요와 고객서비스를 만족시키고 생산과정에 필요한 원료의 재고부족이 발생하지 않도록 사전통제를 하는 것이 매우 중요하다. 소비자의 수요 유형은 오랜 기간 계속되어 단기간 내에 변화를 하지 않는 지속적 수요, 특정시기에만 과도한 수요가 발생하는 계절적 수요, 그리고 예측하기 어려운 불규칙한 수요의 세 가지가 있다

1) 최대, 최소관리방법

이 방법은 일정한 양을 정하여 두고 재고량이 감소하면 구매를 하여 항상 일정한 최대 재고와 최저 재고 내에서 재고량을 준비하도록 관리하는 방법이다.

2) 비율법

최대 최소의 재고 대신 평균 사용량의 비율을 기준으로 하여 관리하는 방법이다.

3) 확률적 통계방법

여기에는 확률모델로 구분하여 통계모델은 수요량 납입기간 등이 알려진 그 결정요소가 확정되었을 때 주문량이나 그 시기를 결정하는 것이다.

〈2〉 재고관리 비용

1) 주문비용

식재료를 보충 구매하는 데 소요되는 비용으로 청구비, 수송비, 검사비 등이 포함되는 것으로 고정비의 성격을 띠고 있고 주문량의 크기와는 무관한 비용을 말한다.

2) 재고 유지비용

재고 보유과정에서 발생하는 비용으로 보관비 세금 보험료 등이 포함되는 것으로 주문비용이 고정비의 성격인 반면 변동비의 성격을 띠고 있는 것을 말한다.

3) 재고 부족비용

충분한 식재료를 보유하지 못함으로써 발생하는 비용으로 식재료 부족으로 인한 생산기회나 판매상실, 생산중단 등으로 업소에서 입게 되는 비용을 말한다.

4) 폐기로 인한 비용

유통기한이 지난 재료의 폐기, 열화재료의 폐기

〈3〉 재고관리 시 점검사항

(가) 물품을 종류별, 규격별 정연하게 보관되어 있는가?

(나) 물품의 상태는 양호한가?

(다) 물품별 입출고 카드는 준비되어 있는가?

(라) 입출고 카드는 현행에 맞게 기록되어 있는가?

(마) 정기적인 재고조사를 실시하고 있는가?

(바) 실제 재고조사 실시결과 이상이 없는가?

(사) 적정재고의 산출근거는 타당한가?

(아) 유통기한 확인여부

(자) 알러지 원료, 유기농원료의 구분여부

(차) 보관온도의 적정여부

제3장
메뉴관리

제1절
메뉴의 종류

1 메뉴의 기능

메뉴가 가지고 있는 기본적인 기능은 몇 가지가 있다. 하나는 매장 운영자에게 영업에 필요한 계획을 수립하고 인력을 확보하여 체계적으로 일을 하도록 하는 관리 및 통제를 위한 기능이고, 또 하나의 기능은 인쇄된 안내문으로서 고객에게 무엇을 어떻게 제공하겠다는 약속의 기능이다. 메뉴는 현대 식음료 사업에 있어서 판매와 관련하여 가장 중요한 상품화의 수단(Merchandising Tools)으로 그 역할이 증진되어 왔다. 이러한 기능들을 훌륭히 소화해 내는 메뉴는 고객에게는 제품 선택을 편리하고 유쾌하게 할 수 있도록 하며 경영자에게는 제품을 생산하고 판매하여 매출 및 수익 등을 예측하고 관리 할 수 있도록 한다. 따라서 메뉴의 관리는 사업의 목표달성을 위하여 관리되어야 할 가장 중요한 분야가 되었다.

메뉴는 경영자와 수요자인 고객을 연결시켜주는 역할을 수행함으로써 수익성 있는 경영성과를 위한 전제조건이 되고 있다. 그러므로 성공적인 메뉴란 경영조직체에 대해 이윤을 창출시킬 수 있는 방향으로 고객의 욕구를 충족시킬 수 있을 만한 내용과 제품력을 갖춘 것이어야 된다.

다음의 [그림 4-1]메뉴의 기능에도 나타나 있듯이 메뉴의 기능은 경영자와 고객은 상품을 통해서 커뮤니케이션이 이루어지는 데 있다.

[그림 4-1] 메뉴의 기능

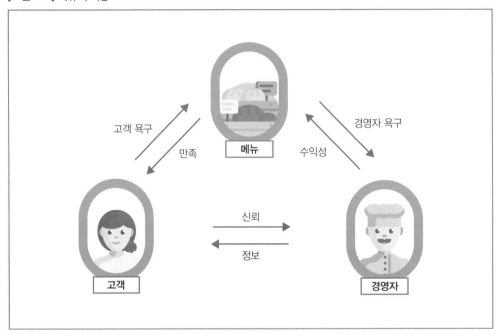

2 제과 메뉴

제과 메뉴란 효모라는 미생물에 의하여 생물학적인 팽창을 하는 빵을 제외한 대부분을 제과 메뉴라고 할 수 있다.

첫째 팽창 형태에 따라 분류해 보면 베이킹파우더와 같은 화학 팽창제에 의존하여 부풀린 과자를 말하여 화학적 팽창제에는 베이킹파우더와 중조, 암모니아 등이 있다.

또한 물리적인 방법으로 반죽을 휘저어 거품을 일으키고 계란의 기포성을 이용하여 반죽 속에 공기를 집어넣어 부풀린 과자도 있다.

이외에도 유지의 크리밍 성을 이용한 과자, 수증기압의 영향을 받아 조금 팽창시킨 과자 2가지 이상의 팽창 형태를 겸하는 제과 상품이 있다.

둘째 생산 제법에 따라 분류해 보면 유지를 배합한 반죽에 베이킹파우더를 사용하여 팽창시켜 만든 반죽형 제과 상품이 있으며, 달걀 단백질의 기포성과 유화성, 그리고 열에 의한 응고성을 이용한 거품형 제과 상품이 있다.

셋째 수분함량에 따라 분류해 보면 수분을 30% 이상 함유하고 있는 생과자가 있고 수분을 5% 이하 함유하고 있는 건과자 상품이 있다.

넷째 지역적 특성에 따라 분류해 보면 한국 고유의 강정이나 다식 등의 과자와 한과가 아닌, 외국에서 전래된 과자인 일본의 화 과자, 중국의 중화과자, 특히 서구 여러 나라의 과자인 양과자 상품이 있다.

위에 제시된 방법 이외에도 가공한 모양에 따른 분류와 익히는 방법에 따른 분류 방법 등이 있다.

이와같이 여러 가지 방법으로 제과 상품을 분류해 볼 수 있다.

〈표 4-1〉제과 메뉴의 품목 및 특성

종 류	특징
비스킷류 (Biscuit)	비스킷은 프랑스의 비스켓(Biscuit) 즉 "두 번 굽는다"는 의미의 언어에서 유래된 것이라 하는데 현재 비스켓은 스폰지 계통의 과자를 지칭하며 쿠키 모양의 것들을 프티 푸르섹(Petitfours Secs)이란 다른 이름으로 부르고 있다. 미국의 비스킷(Biscuits)은 머핀 케익과 빵의 중간 형태의 것들을 지칭하며 설탕과 유지를 비교적 많이 사용하여 납작하게 구워낸 것들을 쿠키(Cookies)라 하고 영국에서는 모든 쿠키 종류를 비스킷이라 부르고 있다.
초콜릿류 (Chocolate)	초코릿은 "신의 식물이라고 지칭되는 Cacao"를 의미하며 카카오(Cacao) 열매를 주원료로 하는 설탕과자(Sweets)의 제조법은 1876년 스위스 M.D.Peter에 의해 처음 발명되었다
파이류 (Pie)	파이는 아메리칸 파이와 프렌치 파이 형태로 분류되며, 아메리칸 파이는 파이도우(Pie Dough)를 이용하고 프렌치 파이는 퍼프 페이스트리를 이용한다. 파이는 크게 제법, 내용물, 껍질에 따라 분류하는데 제법에 따른 분류에는 굽는 파이, 튀김파이, 찜 파이 등이 있고 내용물에 대한 분류에는 Fruits Pie, Cream Pie, Chiffon Pie, Soft Pie, Special Pie 등이 있다.

3 제빵 메뉴

빵이란 밀가루 혹은 그 외 곡물에 이스트, 소금, 물, 등을 가해 반죽을 만든 후 이를 발효시켜 구운 것을 말한다. 즉 밀가루, 이스트, 소금, 물을 주재료로 하고 제품에 따라서 당류, 유제품, 계란, 유지, 그 밖에 부재료를 첨가하여 반죽한 뒤 발효시켜 구운 것이다.

제빵 메뉴는 분류 방법에 따라 차이가 있으나 다음에서는 3가지 로 분류하여 제시해 본다. 종류 및 품목과 이에 대한 구체적인 특성은 〈표 4-2〉과 같다.

〈표 4-2〉 제빵 메뉴의 품목 및 특성

종 류	특성
단과자 빵	단맛이 강하고, 설탕, 버터, 달걀의 비율이 대단히 높고, 달콤한 맛이 강함 기계적인 성향에는 저 배합률의 반죽을 사용하는 것이 반죽을 취급하는데 용이하다
하드계열 빵	소량의 설탕을 함유하거나 사용하지 않는 경우의 빵류를 말함 소비자들의 선호도가 점차 높아짐
조리 빵	햄버거와 샌드위치 등이 대표적으로서 내용물의 변화에 따라 여러 가지 종류를 만들 수 있다.
식빵 류	우유식빵, 건포도식빵, 옥수수식빵 등

4 케이크

케이크를 크게 두 가지로 분류하면 반죽형 케이크와 스폰지 케이크의 주원료인 계란이 거품을 형성하는 성질을 이용한 거품형 케이크로 분류할 수 있다. 배터(Batter)는 "친다, 때리다"의 뜻으로, 배터 반죽은 설탕과 버터를 섞어 크림이 되도록 친 다음 소맥분과 섞어 반죽한 것이다. 이것은 부드러워도 반죽이 흐르지 않고 강해도 부드러움을 지닐 만큼 독특한 유연성을 갖고 있다. 그리고 배터 케이크는 반드시 유지를 배합하고 있으며, 유화성도 중요시하고 있다. 배터 케이크와는 조금 다른 케이크는 제누

아즈나 시폰케이크 같이 계란과 설탕을 섞어 기포를 형성한 다음 유지를 넣은 것이다. 스폰지 케이크는 이름 그대로 스폰지처럼 내부에 기공이 많고 가볍게 부풀어 오르는 푹신한 해면상태 또는 흡수력이 강한 것이 특징인데, 양과자의 가장 기본적인 것으로서 만드는 기술과 비법이 중요하다. 제조방법은 계량, 혼합, 반죽, 분할, 굽기, 냉각, 보관, 장식 단계로 분류 할 수 있다.

〈표 4-3〉 케이크 메뉴의 품목 및 특성

종류	특성
반죽형 케이크 (Batter Type Cake)	반죽형 케이크는 일반적으로 유지를 크림화시켜 만든 케이크로, 과일케이크, 파운드케이크 등과 같이 충전물을 사용하는 것과 사용하지 않는 것의 두 가지 형태로 나눌 수 있다. 반죽형 케이크 중 프루츠 케이크(Fruits Cake)는 고대 그리스시대에 기원을 두고 있으며, 파운드 케이크는 영국에서 만들어졌다고 한다.
거품형 케이크 (Sponge Type Cake)	거품형 케이크의 대표적인 것은 스폰지 케이크이며, 계란의 거품을 형성하는 성질을 이용한 것으로 영어의 스폰지(Sponge)에서 기인되었고, 제조방법에 따라 여러 가지로 분류된다. 전란을 사용한 스폰지 케이크와 흰자만을 사용한 엔젤푸드 케이크 등이 있으며, 부재료의 선택에 따라 여러 종류의 제품을 만들 수 있다. 스폰지 케이크의 제법에는 제누아즈법, 공립법, 별립법, 시폰법등이 있다.

5 후식

후식(Dessert)은 메인 식사가 완전히 끝난 후에 제공되는 음식으로써 찬 후식(Cold Dessert), 더운 후식(Hot Dessert)으로 구분되며 차나 커피가 제공되기도 한다.

① 찬 후식(Cold Dessert) : 찬 후식은 무스, 아이스크림, 아이스수플레, 파르페, 샤롯데, 샤벳, 과일 등으로 나눠볼 수 있다.

② 더운 후식 : 더운 후식은, 핫 수플레, 푸딩, 플람베 등이 있다.

③ 차류 : 홍차, 녹차 등

④ 커피류 : 아메리카노, 까페모카 등

⑤ 수정과, 식혜 등

제2절
메뉴관리 계획

1 메뉴관리의 이해

메뉴관리는 업장의 성공적인 운영을 위해 관리자가 관리하여야 할 가장 중요한 대상 중의 하나이다. 그러기 때문에 메뉴상품은 고객의 필요와 욕구를 충족시키고 조직의 목표를 달성할 수 있도록 계획·관리되어야 한다.

성공적인 메뉴를 개발하기 위해서는 상품에 관련된 투입요소인 품목, 가격수준, 생산 및 서비스의 기술, 제품 품질, 이를 위한 시설, 매장의 분위기와 장식, 설비 및 제품의 다양성수준 등 많은 내용에 관한 계획이 망라되게 된다. 메뉴에 관련된 경영의사결정은 고객의 만족과 사업체의 수익성이라는 욕구를 동시에 충족시킬 수 있도록 이루어져야 한다. 즉 최저의 비용으로 고객에게 최대의 만족을 제공함과 동시에 최대의 이윤을 추구하여야 한다. 고객의 욕구와 필요를 가장 경제적인 방법으로 충족시킬 수 있는 기능과 관리적인 능력을 겸비한 관리자가 필요하다.

메뉴관리란 다음의 [그림 4-2]에서와 같이 통제 가능한 제 요소들을 통제할 수 없는 시대적 및 사회적 환경여건에 적응시키는 것과 관련된 일연의 활동들을 말한다.

[그림 4-2] 메뉴관리와 투입요소

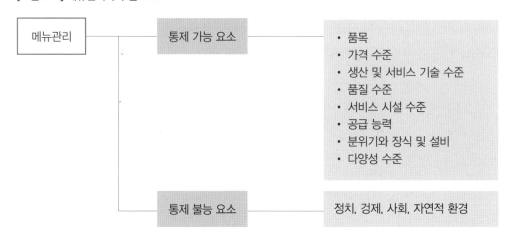

② 메뉴 계획시의 고려사항

효과적인 메뉴계획은 판매하고자 하는 메뉴의 표적시장을 정확히 설정한 후 원가와 품질, 생산능력, 다양성, 영양적인 요소 등을 고려하여야 한다. 메뉴계획시 고려사항은 무수히 많지만 크게는 고객의 관점과 관리적인 관점으로 대별 할 수 있다.

〈1〉 고객의 관점

표적 시장을 결정하고 그 표적 시장의 욕구와 경향을 분석한다. 고객의 욕구는 항상 변화하기 때문에 시장의 흐름과 고객의 경향을 파악하는 것은 주력메뉴를 결정하는 가장 중요한 요소이다.

〈2〉 관리적인 관점

1) 조직의 목적과 목표

기업을 유지하기 위해서는 모든 자원을 합리적으로 이용하여 고객만족과 동시에 매출의 극대화로 필요이익을 달성하여야만 기업의 목표와 목적을 이룰 수 있으며 생존이 가능하다.

2) 원가와 수익성

기본적으로 수익성이 없는 제품은 판매 할 수 없다. 식재료비, 인건비, 경비 등의 원가는 판매가격을 결정하며 이는 수익성을 결정짓는 요소이다. 현재의 원가와 앞으로 판매의 흐름에 따라 원가가 변할 수 있다면 그것까지 고려해야한다.

3) 식재료의 구입여부

신선하고 안전한 식재료의 안정적인 공급은 중요한 사항이므로 사전에 조사되어야 하며, 식재료의 안정적인 공급이 어려운 메뉴는 판매를 고려해야 한다.

4) 기구 및 시설의 수용능력

현재의 시설과 종사원의 수준에서 만들 수 있는 제품을 고려하여야 한다.

[그림 4-3] Mahmood의 메뉴계획모형

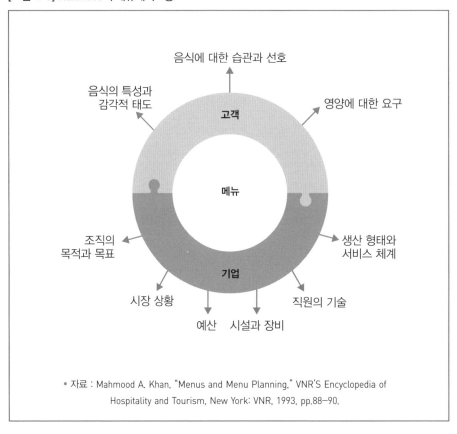

• 자료 : Mahmood A. Khan, "Menus and Menu Planning," VNR'S Encyclopedia of
Hospitality and Tourism, New York: VNR, 1993, pp.88-90.

3 제품개발

〈1〉 제품개발의 의의와 고려사항

생활양식과 환경이 변화함에 따라 고객의 소비형태도 변화한다. 베이커리 산업에 있어 고객의 기호가 변화하기 때문에 베이커리 기업도 수요의 변화에 탄력 있게 대응하여야 한다. 제품개발은 매장의 기본적이고 핵심적인 판매물이기 때문에 어떠한 품목이 고객들에게 선호도가 높은가를 확인하고 이를 상품화하는 과정이다. 신상품 개발의 필요성은 기존 제품들이 성숙기나 쇠퇴기에 접어들었을 때 요구되며 관리자는 제품분석을 통하여서 제품의 교체 시기나, 신규제품개발을 통한 신제품을 항상 염두에 두어야 한다. 제품개발에 앞서 기본적으로 숙지하고 고려해야 할 사항이 있다.

첫째, 기구와 만드는 방법 : 제품개발은 만드는 시설과 도구의 유무를 고려해서 설계되어야 한다.

둘째, 생산 인원과 기술 : 제품개발 설계자는 직원들의 업무량을 정확히 할당함으로써 인력이 효율적으로 활용될 수 있도록 설계되어야 한다.

셋째, 식자재 구입의 용이성 : 재료를 사전에 시장조사를 통해서 해당 식자재 구입의 용이성과 가격 변동 폭을 알아야 한다.

넷째, 고객의 욕구 : 인간의 생리적, 심리적, 사회적 욕구를 만족시켜 줄 수 있는 제품들은 이들 개별 분야에 대한 충분한 지식과 능력을 바탕으로 설계될 때 비로소 성공적인 제품이 탄생된다고 할 수 있다.

〈2〉 제품개발 과정

1) 아이디어의 창출

자신의 영감, 기발한 아이디어, 고객의 요청, 시장조사 등에서 생겨날 수 있다. 제품개발 팀들간 논의하여 정리할 필요가 있다.

2) 레시표 작성과 평가

아이디어로 제안된 제품을 실제로 만들어 보며 레시피(Recipe Card)를 만드는 과정이다. 필요한 식자재와 각각의 양, 시설, 인력, 만드는 시간, 만드는 과정, 필요한 각종 도구류 등을 일목 요연하게 기술해 놓고 아래의 방법으로 평가한다.

〈표 4-4〉 평가표 예시

항목	점수(%)	비고
맛	50	
고객선호도	10	
인력기술과 적합성	10	
생산시설과 적합성	5	
위생	5	
모양(디자인)	5	
작업시간	5	
재료공급능력	5	
영양적가치	5	
계	100	

각 항목 합의 총점이 50%미만은 제품의 가치가 없으며 51%~80% 이면 보통, 81%~90% 사이면 좋은 것이며 그 이상이면 매우 우수한 품목이다. 다만 맛의 점수가 25% 이하면 안 된다.

3) 사업성 분석

제안된 품목의 사업적 매력성을 평가하는 단계로 매출, 원가, 이익을 추정하는 단계이다. 식재료비 원가, 인건비, 광열비 등을 검토해서 전체비용을 계산하고 예상 매출을 산정해서 예상이익을 추정해야된다.

4) 시장실험(Market Test)

고객의 직접적인 반응을 보는 단계로 제품의 성공 여부를 조사하는 것으로 조사되어야 할 세부 항목은 맛, 모양, 양, 가격, 고객반응 등이다. 보통 기간을 정하고 다른 장소에서 다른 가격으로 시험판매를 해 봄으로써 고객의 직접적인 반응을 본다.

〈3〉 가격 결정

1) 가격 결정의 의의

가격이란 화폐액으로 표시된 제품의 효용 및 가치로서 소비자에게는 상품의 가치를 금액으로 표시한 것으로서 제품과 화폐의 교환비율을 말한다.

상품의 가격은 기업의 성패에 영향을 미치는 속성이 있으며 합리적인 가격 분포는 상품을 잘 포장해주는 포장지와 같다. 가격이 부적당하면 고객의 구매력에 부정적인 영향을 주어 매출을 감소시킨다. 가격은 수요자들의 구매행위에 있어서 하나의 결정적인 동기요인으로서 역할 뿐만 아니라 그들의 구매행위를 제한하는 기능을 수행하기도 한다. 고객은 가치가 높은 상품을 선호하게 된다. 가치는 품질과 가격의 함수관계에 있다. 간단히 말해서 업장의 대고객 가치는 제품력, 서비스 및 맛 등의 질이 높아질수록 그리고 제품의 가격이 낮을수록 상승한다. 그러나 가치는 주관적인 개념으로 일률적일 수는 없으며 같은 조건에서도 고객의 기호에 따라서 다르게 측정되어 진다. 제품의 판매가격은 직접적으로 사업의 목표를 달성하는 수단이므로 상품에 대한 계획이나 판매촉진책의 내용에 부합되는 형태로 그 가격결정의 방법이 선택됨으로써 이윤극대화에 공헌할 수 있어야 한다. 그리고 상반되는 개념으로써 고객에 대한 공공이익의 추구라는 측면도 고려해야 된다. 이 두 가지의 측면이 조화를 이룰 때 비로소 적정한 가격이 형성되었다고 할 수 있다.

가격결정에 공정성이 결여되는 근본 원인은 가격결정 방법이 표준화되지 못하고 있는데 있다. 누가, 언제, 어떻게 결정하더라도 동일한 조건하에 동일한 가격으로 정해지도록 해야 한다. 그러기 위해서는 상품을 합리적으로 분석하고 표준화하여 특정 관리자의 직종에 대한 횡포를 방지하고, 하나의 기업으로서 인식하여 공정한 관리로 전문기능인도 경영관리를 담당할 수 있게 할 뿐만 아니라 기존 관리자에게도 과학적 경영관리기법을 연구하는데 도움을 줄 수 있게 표준화가 되어야 할 것이다.

2) 가격정책

제품의 가격책정은 비단 가격의 결정이란 기능 외에도 판매기능을 수행하므로 신중하게 결정되어야 한다. 가격정책의 목표는 크게 다음과 같이 구분될 수 있다.

첫째, 이윤의 극대화

둘째, 목표 수익률의 확보

셋째, 목표시장 점유율의 유지 및 확대

오늘날 베이커리 산업에 있어서 가격정책의 주요 목표는 목표 수익율의 달성에 있다. 이것은 투자 자본에 대한 일정비율의 수익이라기보다는 매출에 대한 것으로서 원가에 판매비, 관리비 및 이윤에 대한 일정의 이윤(Mark-up)을 가산하는 원가 가산가격 결정법(Cost Plus) 방식이 채택되고 있다. 그런데 이 방식은 시장경쟁을 무시하는 단점을 가지고 있어 품목의 특징, 경쟁구도 및 시장여건을 고려해야 된다. 어떻든 가격은 이미 결정된 사업목표와 결부되어 고려되고 결정될 문제이다. 그러나 어떠한 방법도 그 자체로서 완벽한 것일 수는 없고 그 업체의 특수한 환경 조건을 고려해서 조정해야 된다.

일반 마케팅에서는 제품의 가격을 결정하는 데 있어서 고려해야 하는 변수를 크게 여섯 가지로 나누었다. 그중 객관적인 변수들은 원가, 고객이 인지한 가치, 경쟁사, 분위기, 위치, 품질 수준, 맛이다

3) 가격 결정 시스템

제품의 가격 결정에서 가장 널리 이용되고 있는 기초적인 가격 결정방법으로 원가를 기준으로 하는 방법이 있다. 둘째로는 소비자의 인식 및 수요를 기준으로 결정하는 방식이다. 수요와 공급의 크기에 따라서 가격이 좌우된다. 셋째로는 경쟁업체의 가격구조에 보조를 맞추어 가격을 결정하는 방식이다. 경쟁기업의 제품과 시장구조를 비교하면서 가격을 도출해 낸다. 넷째로는 소비자의 특성에 따라 가격을 결정하는 방식으로 소비자의 지불 능력이나 선호도, 소비자의 크기 등을 사전에 조사하여 가격을 맞추고 그 가격에 적합한 제품을 개발하는 방법이다.

가격결정 때 주의할 점은 경쟁자의 판매가격을 고려함에 있어 그 내용이나 과정 분석 없이 나타나 있는 단순 가격만을 맹목적으로 모방함으로서 가격 정책이 실패 하는 경우이다. 가격을 책정하는 몇 가지 방법에 대하여 알아보자

① 배수(승수) 이용 방식

이 방법은 배수를 이용하여 메뉴가격을 결정하는 방식인데 가격을 구하는 방법이 간단하여 많은 매장에서 이용되고 있다. 상품가격을 결정하기 위해서 재료비를 설정된 가격배수(승수)로 곱하기만 하면 된다. 승수는 희망하는 식재료 원가율로 100을 나누어서 구한다. 즉 먼저 원하는 식재료원가율을 결정하고(예 : 40%) 100을 이 원가율(40%)로 나누면 2.5라는 배수(승수)를 얻을 수 있다. 승수와 식재료비를 곱해서 판매가격을 결정한다. 승수가 2.5이고 재료비가 5,300원인 메뉴의 가격을 계산하면 아래와 같다.

> • 판매가격 = 식료원가 × 배수(승수)
> 13,300 ≒ 5,300×2.5 (∴ 판매가격은 약 13,300원)

이 방식이 매장에서 이용되지만, 많은 단점이 있다. 식료원가를 제외한 나머지의 영업활동에 필요한 제경비와 이익은 가격 설정에 포함되어 있지 않기 때문에 합리적이지 못하다. 예를 들어 식료원가 40%인 어떤 품목은 마진율이 60%로 제경비와 이익을 보완하여야 하는데, 만약 인건비와 경비가 60%이상 들어간다면 전체경비가 판매가격보다 높아질 것이다. 그렇게 되면 손실을 감안해야 한다. 이 손실 또한 일정한 기간이 지난 다음에 그 결과를 확인 할 수 있다. 이는 가격을 결정하는데 필요한 많은 조건들 중에서 재료비만을 가지고 가격을 결정하였기 때문에 오는 결과이다.

② 프라임코스트의 헤리포피(Harry Popy) 방식

카페테리아에서 적용하여 효율성을 인정받은 헤리포피에 의하여 개발된 프라임 코스트 제도이다. 이 방법은 승수이용 방식에서 조금 개발된 방식으로 원재료

비는 표준량목표에서 얻어지고, 이 재료비에 직접 인건비를 더하여 프라임코스트를 얻어내는 방법으로 보통 직접인건비는 전체경비의 약⅓이며, 손익계산서에 나타나는 총인건비에서 그 품목을 생산하는데 소요된 직접인건비를 구한다. 그 이외는 승수방식과 같이 구하면 된다.

- 프라임코스트 = 재료원가율 + 직접인건비율
  배수(승수) = 100 ÷ 프라임코스트
  판매가격 = 프라임코스트 × 배수

이 방법은 직접인건비를 중요하게 여기는 방법으로 생산원가 중에서 가장 큰 비중을 치지하는 재료비와 직접인건비를 기준으로 판매가격을 계산하는 방식으로 카페테리아나 패스트푸드 업장에서 적용하여 효과를 본 방법이다.

③ 실제원가 이용방식(Actual Pricing Method)

보통 베이커리 가격 결정에 이용하는 방식으로 점포를 운영하는데 필요한 모든 원가를 산출한 뒤 적정 이익률을 산정하여 제품가격에 포함시키게 하는 방법이다.

판매가 = 총비용 + 기대하는 이익률

이 방법은 제품가격에 모든 코스트와 원하는 이익률을 반영하여 가격을 결정할 수 있다는 장점이 있다. 하지만 경영 목표에 부합되게 어떤 아이템은 마진율을 적게 하여 판매를 촉진한다든지, 어떤 아이템은 판매량이 적더라도 마진을 높게 가져간다든지 등의 각 제품별로 판매와 이익률을 차별화 할 경우 적용하기에는 복잡한 과정을 거쳐야 하는 어려움이 있다.

④ 심리를 이용한 가격 결정 방법

고객의 심리를 이용하여 가격을 결정하면 구매 의욕을 촉진시킬 수 있다. 가격의 끝자리와 첫 자리가 가격 심리에 민감하게 작용하는 것을 가격 결정에 이용한 방법이다. 예를 들어 2,000원보다 1,990원으로 가격을 정하여 할인받고 있다는 느낌을 주는 것이다. 이 방법은 가격에 민감한 저단가의 메뉴를 판매하는 매장에서 사용해야 된다. 고급매장의 고객은 가격에 민감하지 않으므로 오히려 역효과가 날 수 있다. 또 다른 방법은 가격의 숫자를 줄이는 방법이다. 예를 들어 1,000원보다 990원으로 가격을 정하여 가격 숫자가 네 자리보다 세 자리로 만들면 고객은 저렴하다고 인식하게 된다.

음심점에서는 고가 메뉴와 저가 메뉴의 가격 편차를 고의로 크게 하여서 중간 가격대의 메뉴로 유도하는 방법이 있다. 같은 매장에서 메뉴의 가격의 차이가 2.5배 이상이 되면 고객은 그 차이를 더 심하게 느끼게 된다.

고객이 선택하는 만큼 중량으로 계량해서 가격을 정하는 방법으로 판매를 하면 가격이 조금 더 비싸도 고객의 구매를 유도할 수 있다.

〈4〉 상품화

시장실험을 통해 얻어진 정보를 바탕으로 제품품목의 추가 여부를 결정짓고, 만일 추가한다면 시장실험을 통해서 문제로 나타난 점들을 개선하며 표준량목표를 만들고 이를 어떻게 고객에게 인지시키느냐를 마케팅 측면에서 연구하여야 한다. 또한 시설과 장비도 보완해야 한다.

4 제품분석

상품의 평가와 분석은 제품이 계획되고 디자인되는 과정, 실제의 상품, 그리고 일정기간 동안의 영업성과를 바탕으로 수익성과 선호도를 평가하고 분석하는 것이다. 그리고 그 결과를 실제의 제품개발 계획에 반영시켜야 한다. 성공적으로 제품이 개발되어 졌다고 하여도 시간이 흘러 소비자들의 트랜드가 바뀌거나 내·외적인 환경변화로 인하여 제품은 다시 수정되거나 보완되어야 한다.

〈1〉 제품평가

성공적인 제품은 고객의 요구를 수용하면서 기업의 수익을 최대화 할 수 있는 상품이다. 제품평가는 성공적인 매장경영의 전제인 성공적인 제품을 확인하려는데 따른 기능이다. 그러므로 제품평가에 있어서는 제품개발 계획 수립과정에서 수행되었을 수 있는 대체 안 평가에서와 같이 기존 제품의 구성 요인들을 객관적으로 수익성과 시장의 관점에서 평가하려는 것이다. 제품평가의 내용은 크게 제품설계에 대한 평가, 다양성에 대한 평가, 제품의 수익성 평가 등으로 구분해서 한다.

〈2〉 제품분석 방법

제품은 매장별로 상품의 특성이나 종류, 다양성, 디자인 등 수많은 요소들로 부터 영향을 받기 때문에 각 매장별 운영상의 특성으로 인하여 어느 특정 제품분석 방법의 적용은 쉽지 않지만 가장 일반적인 상품분석 방법은 고객에게 인기가 있어서 판매량이 많으면서 또한 수익성도 좋은 메뉴를 찾아내는 것이다.

1) 공헌이익 순위표

가장 간단한 방법으로 제품에 대한 고객의 선호도와 총매출의 규모에 기초하여 품목의 수익 창출 능력을 평가하는 것이다. 상품분석을 위한 일정 기간을 정하여 놓은 후 그 기간에 판매된 전체 메뉴의 수량을 메뉴품목별로 집계한다.

〈표 4-5〉 공헌이익 순위표

제품명	매출량	판매가격	재료비	총매출액	총재료비	공헌이익	순위
생크림케이크	350	25,000	8,500	8,750,000	2,975,000	5,775,000	1
파운드케이크	400	18,000	5,400	7,200,000	2,160,000	5,040,000	2
파네토네	250	13,000	3,500	3,250,000	875,000	2,375,000	3
계							

• 기간 : 2019년 01월~2019년 12월까지

공헌이익 : 공헌이익은 판매가격에서 변동비를 제외한 금액이다.

(총매출액 – 총재료비)

그리고 품목별로 원가, 판매수량, 판매가격, 품목별 공헌이익을 구분하여 표를 만들고 공헌이익 순으로 나열한 후 그 순위에 따라 비교하여 제품의 가치를 분석하는 방법이다.

〈표 4-6〉 제품운용방법

첫째, 인기도도 낮고 공헌이익도 낮은 그룹	① 원칙적 제품에서 제거 대상 품목 ② 상징적 품목 여부검토 ③ 가격 인상이 필요한 메뉴도 있다. ④ 수명 주기상 쇠퇴기에 있거나 혹은 실패한 상품군
둘째, 공헌이익은 높으나 인기도가 낮은 그룹	① 가격정책을 재조정(하향) ② 인기도 상승을 위한 일련의 조치가 필요 ③ 상품에서 제거도 고려해야함
셋째, 인기도는 높으나 공헌이익이 낮은 메뉴군	① 가격(인상) 정책을 조정. ② 저 원가 품목과 패키지화할 수 있다. ③ 표준분량(중량)을 수요변화가 초래하지 않은 한도 내에서 조정한다. ④ 원가율이 낮은 대체품사용을 고려해 본다.
넷째, 메뉴 중 인기도 높고 공헌이익도 높은 메뉴군	① 수명주기 상에서 성숙기에 들어있는 상품군으로 그 매장에 주력 제품이며, 가장 많은 수익을 주는 품목이다. ② 가격탄력성을 조사해볼 필요가 있다. 가격인상으로 더 큰 수익을 올릴 수 있는 품목도 있다. ③ 품질관리에 대한 보다 엄격한 관리가 필요하다. ④ 상품 중 가장 눈에 잘 보이는 위치에 진열한다.

2) 메뉴판정

모든 제품들이 인기 있고 수익성도 높기를 바라지만 현실적으로 각 품목에 대한 가격도 다르고, 소비자의 선호도도 다름으로, 사업성과에 대한 기여도도 각각 다르게 나타난다. 새로 개발되거나, 인기 절정에 있거나 혹은 사양길에 접어든 다양한 수명과 각기 다른 시장여건에 처한 상품들이 있다는 것은 사업체의 과거와 현재와 미래가 있다고 볼 수 있다.

상품 기초정보는 메뉴 엔지니어링 분석에 의한 공헌이익의 크기나 메뉴 믹스율 등에 의존되지만 이것만 가지고 품목의 채택, 유지, 혹은 삭제 관련된 포함한 모든 의사결정을 정확히 내린다는 것은 어렵다. 그러므로 제품에 관련된 품목, 디자인, 매장의 개념 수립, 운영상의 특성, 경쟁적인 환경 등에 대한 정확한 명세자료를 확보함으로써 각 베이커리 사업체에 적합한 경영 행동을 결정하고 일반화해야 한다.

제5부

마케팅
관리

제1장 입지와 상권

1 입지의 개념

입지는 흔히 점포가 있는 물리적 장소를 말한다. 예를 들면 상업 지구에 속해 있는지 아니면 일반주거지에 속해 있는지, 도로와의 거리는 얼마나 되는지, 중심부로부터 얼마나 떨어져 있는지, 가시성은 좋은지, 아파트단지와의 거리는 얼마나 되는지 등이 입지조건을 평가하는 기준이 된다.

입지에 있어서 지점(Point)이 평가척도로 작용한다. 흔히 1급지, 2급지, 3급지로 상권을 평가한다.

급지를 평가하는 일반적인 척도로는 임대료의 수준을 토대로 한다.

임대료의 차이는 차별적 지대의 원리가 작용하는데, 수확체감의 원리에 따라 중심부로부터 멀어질수록 임대료가 떨어지게 마련이다.

고객의 입장에서 중심에 가까울수록 접근성이 높아지기 때문에 경쟁관계에 놓여 있는 판매자의 선택은 중심을 향할 수밖에 없다.

결국 점포의 수요와 공급에 영향을 미치게 되며 중심일수록 과(過)수요상태가, 중심에서 멀어질수록 과(過)공급 상태가 형성되기 마련이다. 이러한 원리로 임대료의 차이가 발생하며 권리금이라는 일종의 프리미엄이 형성된다.

입지조건은 외형적인 조건의 가치화가 중요한 변수가 된다. 하지만 업종특성을 제대로 반영하지 못한다는 측면에서 자칫 속단의 빌미를 제공하기도 한다. 이해를 돕기 위해 사례를 들어보자. 대학가에 편의점이 들어갈 자리를 찾는다고 하면, 우선 유동인구가 가장 많은 횡단보도나 버스정류장과 인접해야 하며, 전면이 넓은 실평수 20평 이상의 모퉁이 점포가 최적의 입지조건이라 할 수 있다.

만약 이런 입지조건을 만족할 수 있는 최적의 점포를 구해 입점했다고 했을 때, 성공을 보장할 수 있을까? 성공확률은 반반이다. 성공을 보장하기 위한 전제조건이 있다.

앞서 언급한 조건에 대하여 고객의 니즈(Needs)가 변하지 않는다는 전제가 그것이다. 버스정류장이 인접해 있다는 것 자체는 적지 않은 반사이익을 가져다준다.

고객의 니즈와 이를 둘러싼 환경적인 요인, 경제사정, 접근성, 경쟁업체의 기술 수준이나 마케팅능력, 임대료 수준 등 보다 포괄적인 접근이 필요하다는 것이다.

2 입지선정 시 주의사항

입지는 지리적으로 일정한 장소를 중심으로 자신의 경영자원을 활용하여 사업성을 높이는 곳으로 중요한 전략적 과제가 된다. 이러한 입지의 중요성에 따라 입지를 선정할 시 고려해야 할 사항을 보면 다음과 같다.

1) 접근성과 가시성

고정된 입지에서 매출을 기대하기 위해서는 자신의 가게를 고객들에게 충분히 보여지는 가시성이 있어야 한다.

가시성과 더불어 고객들이 방문하기에 용이하도록 교통편이나 도보 등으로부터의 접근성도 매우 중요하다고 할 수 있다.

2) 통행량

입지를 선정함에 있어서는 통행량이 중점이 된다. 통행량은 단지 하루의 통행량을 조사하는 것이 아니라 최소한 일주일 이상의 통행량을 조사해야 한다. 또한 하루를 조사하는 방식에서도 아침, 점심, 저녁 등 또는 시간대별로 잠재고객의 통행량을 분석해야 한다. 이와 더불어 고객들의 이동방향에 대해서도 면밀하게 조사해야 한다.

3) 경쟁사

어느 곳에 위치하더라도 주변에는 많은 경쟁자가 존재하게 되어 있다. 경쟁자 파악으로 자신의 지위를 파악할 수 있고 더 나아가서는 해당 상권에서의 점유율을 파악할 수 있게 된다.

상권점유율은 상권 내 구매력에 대한 자사의 판매비율을 말하는데 경쟁이 치열한 환경에서는 점유율이 시장 내에서의 지위를 나타내기 때문이다.

경쟁자에 대한 조사는 고객층, 명성, 가격, 분위기, 서비스 등을 파악하여 자신의 업장과 비교 분석하는 것이 좋다.

소매업에서의 상권점유율은 보통 7% 정도면 시장에서의 존재를 어느 정도 인정받는 단계, 11% 정도면 해당 시장에서 어느 정도 영향을 미칠 수 있는 단계, 26% 정도면 시장에서 리더를 바라볼 수 있는 상태, 42% 정도면 안정적인 과점상태, 74% 정도면 절대 안정권으로 경쟁 시장이 아니라 독점시장이라고 할 수 있다.

> 상권점유율 = (점포매출 ÷ 상권 내 점포 매출) × 100

3 상권의 정의

상권(Trading Area, Market Area)이란 점포와 고객을 흡인하는 지리적 영역이며, 모든 소비자의 공간선호(Space Preference)의 범위를 의미하기도 한다. 따라서 상권은 판매액의 비율을 고려하여 생각할 수 있는데, 대표적인 메뉴 판매액의 약 70%를 차지하는 지역을 1차 상권, 다음 25%가 거주하는 지역을 2차 상권, 그 나머지를 3차 상권이라 말한다. 일반적으로 '상권'이라 함은 상거래의 세력이 미치는 범위를 말한다.

사업주의 입장에서 본다면 고객의 공간적 분포와 관련이 있는데, 쇼핑거리를 면으로 확산한 개념으로 이해하면 된다. 이러한 논리는 일종의 폐쇄경제(Closed Economy)를 전제로 하는데, 독점적인 상황에서 1개의 점포가 고객을 흡수할 수 있는 공간적 범위를 상권이라 한다.

〈1〉 상권의 범위

1) 1차 상권

1차 상권은 점포 고객의 60~70%가 거주하는 지역이라고 보면 되는데 고객들이 점포에 가장 근접해 있으며 고객 수나 고객 1인당 판매액이 가장 높은 지역이다.

1차 상권은 식료품과 같은 편의품의 경우에는 걸어서 500m 이내가 되며, 선매품(Shopping Goods : 제품에 대한 완전한 지식이 없어 구매를 계획·실행하는 데 비교적 시간과 노력을 소비하는 제품)의 경우에는 버스나 승용차로 15분내지 30분 걸리는 지역이 된다.

2) 2차 상권

2차 상권은 점포 고객의 20~25%가 거주하는 지역으로서 1차 상권의 외곽에 위치하며 고객의 분산도가 아주 높다. 편의점의 경우 2차 상권에서는 약간의 고객밖에 흡인하지 못하게 된다. 선매품의 2차 상권은 버스나 승용차로 30~60분 정도 걸리는 지역이 포함된다.

3) 3차 상권

3차 상권은 1, 2차 상권에 포함되는 고객 이외에 나머지 고객들이 거주하는 지역으로서 고객들의 거주지역은 매우 분산되어 있다.

편의점의 고객들은 거의 존재하지 않으며 선매품이나 전문품을 취급하는 점포의 고객들이 5~10% 정도 거주한다.

이외에도 호텔 내의 점포, 쇼핑센터 내의 스낵바(Snack Bar)와 같은 점포는 독자적인 고객흡인력이 없기 때문에 독자적인 상권을 가지지 못한다. 이러한 점포들의 상권은 호텔이나 쇼핑센터 상권의 절대적인 영향을 받는다. 그리고 업종에 따라 동일한 입지에 있는 점포라고 하더라도 고객 흡인력은 달라질 수 있다.

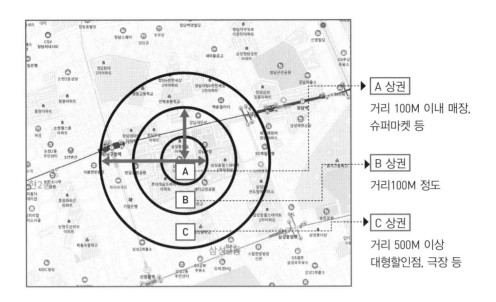

A 상권
거리 100M 이내 매장,
슈퍼마켓 등

B 상권
거리 100M 정도

C 상권
거리 500M 이상
대형할인점, 극장 등

〈2〉 상권의 범위

1) 아파트 상권

아파트 상권의 경우 완전히 폐쇄된 상권에 속한다. 서로 다른 단지로 쇼핑을 하는 고객은 거의 드물다. 따라서 최대 수요자가 해당 아파트단지 이외에는 없다.

아파트 상권에서 점포를 운영하기 위해서는 생활 패턴이 유사한 5천 세대 이상으로 구성되어야 하며, 구매형태가 거의 일정하기 때문에 고가품이나 사치품이 아닌 일상생활용품 위주로 판매를 하는 것이 좋다. 또한 가능한 단지 주민과 유동인구를 흡수할 수 있는 점포여야 한다. 물론 모든 아파트 상권이 동일한 것은 아니다. 주거특성이나 거주민의 직종, 소득, 문화, 학력 수준 등에 따라 달라지기도 하기 때문에 고객의 특성을 잘 파악 해야한다.

2) 역세권 상권

역세권의 경우 도심의 교통체증이 지하철역 상권을 강화시킬 수 있으며 통행인구의 습성과 특성을 고려하여 중, 저가 메뉴를 취급하는 것이 좋다.

인근에 사무실이 밀집되어 있으면 유리하고 일반적으로 5평 규모의 점포가 적당

할 수 있다. 유동인구가 많은 관계로 테이블 회전율이 높은 업종을 선택하는 것이 효율적일 수 있다.

3) 학교 주변 상권

학교 주변 상권의 경우 판매 대상이 항상 고정적이기 때문에 구매단위 역시 고정적이다. 학생들의 취향과 구매형태를 고려해야 하고 반드시 중저가의 메뉴를 취급하는 것이 좋다. 또한 방학이 있는 관계로 매출을 올릴 수 있는 시기가 한정되어있다는 것을 고려해야 한다.

간편식 위주의 메뉴가 좋으며, 커피숍이나 까페 형태의 주점도 무난하다.

4) 주택가 상권

배후지 세력이 다소 유동적이어서 생활수준 정도를 반드시 관찰한다. 소비형태가 도보로 이루어지기 때문에 입지가 매우 중요하며 가능한 동일한 상가 내에 위치하여 업종 간의 협력을 고려한다.

5) 중심지 대로변 상권

화려하고 특색 있는 사업장은 어렵지 않게 영업이 가능하며 간판이나 메뉴 진열 등에서 사업장의 특색을 최대한 개성화 시킨다. 대부분의 경우 고정고객보다는 유동고객이 많으므로 직원들의 친절이 중요할 수 있다.

6) 사무실(Office) 상권

사무실이 밀집되어있는 지역으로 외식업 분야가 50% 이상을 차지한다. 단, 토요일이나 일요일에 판매 대상이 없다는 것을 인지하고 주간업무 인구가 대부분이므로 퇴근시간에 영업을 맞추는 것도 좋다.

인테리어의 경우 지루한 느낌을 주지 않도록 변화를 추구하면서 영업을 전개한다.

제2장

마케팅관리

제1절

마케팅의 정의

1 마케팅의 개념

경쟁이 없는 사회는 없다. 생존하기 위해서는 누구나 경쟁에서 이겨야만 살아간다. 한 기업이 어떤 제품의 생산과 판매를 독점하던 시대에는 경쟁이 필요 없었으며 경쟁자가 없기에 기업의 마음대로 제품의 질이나 가격을 조종할 수 있었다. 이때 기업들은 그들의 중심, 즉 생산중심으로 기업 활동을 전개하였다. 하지만 경쟁업체들이 나타나고 소비자들에게 선택권이 주어지면서 소비자를 중심으로 한 기업 활동으로 바뀜에 따라 소비자의 욕구를 파악하지 않고서 살아남기 힘들다는 것을 기업들이 깨닫기 시작하면서 마케팅이란 개념이 도입되었다. 기업들이 처음에는 생산에 집중하는 생산개념에서 시작하여 제품에 집중을 두는 제품개념으로 바뀌었고 다음은 판매에 집중하는 판매중심으로 진행되었으며 이후 시장과 고객에 집중하는 마케팅 개념과 사회적 마케팅개념으로 발전하게 되었다.

[그림 5-1] 마케팅 철학의 변천과정

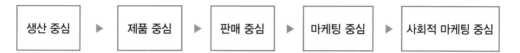

생산 중심 ▶ 제품 중심 ▶ 판매 중심 ▶ 마케팅 중심 ▶ 사회적 마케팅 중심

마케팅의 개념을 정의하거나 범위를 설정하는데 있어 학자들 간에 많은 논란은 있지만 오늘날 가장 널리 인정되고 보편적인 것이 미국마케팅학회(AMA: American Marketing Association)의 정의이다. 1948년에 정의를 내리고 나서 이후 1985년에 개정해 다시 내린 정의를 살펴보면 " 마케팅은 기업이 개인이나 조직의 목표를 만족시켜주기 위해 아이디어, 제품, 서비스, 가격, 촉진, 유통을 계획하고 실행하는 과정이다."라고 하였다. 이것은 소비자나 조직에게 만족을 제공하는 동시에 기업은 생존하기 위해 그들의 목표를 달성하는 경영활동이라 볼 수 있다.

기업은 고객만족과 기업목표를 달성하기 위해 생산 및 판매뿐만 아니라 고객의 욕구조사, 시장분석, 고객맞춤형 제품개발, 사후관리A/S까지 책임지는 전략을 세워야 한다. 이 전략은 제품을 생산해서 시장으로 밀어내는 전략이 아니라 고객이 필요한 제품을 만들어서 구입해 가도록 유도하는 전략이며 또한 생산한 제품을 무조건 판매하는 전략이 아니라 판매될 수 있는 제품을 생산하여 시장에 점유하는 전략이다. 다시 말해서 "우리는 이런 제품이 있습니다"가 아니라 "당신은 어떤 제품이 필요하십니까?" 로 고객이 원하는 것이 무엇인가를 파악하고 고객이 찾는 것에 맞추어 제품을 만들고 그것을 고객이 안전하게 구매해서 사용할 수 있도록 만들고 사용 이후까지 책임지는 과정이 기업의 마케팅 활동이며 경쟁에서 생존하기 위한 과제이다.

마케팅에 대한 관심은 영리조직에만 국한되어 진행되는 것도 아니고 이제는 비영리조직에서도 그 중요성을 인식하고 있어 점차적으로 다양한 분야로 전개되고 있다.

이러한 추세에 맞추어 베이커리 산업에서도 마케팅의 중요성을 인식하기 시작하여 다양한 마케팅 전략들이 실행되고 있다.

베이커리시장도 양극화 현상이 점점 심화 되어 소규모 매장들은 영세성과 전략부재로 수시로 간판이 바뀌는 악순환이 계속되고 있다.

베이커리 창업은 누구나 쉽게 접근하여 우후죽순처럼 창업은 하였지만 영업이 제대로 되지 않아 폐점하는 경우가 많다. 이런 현상은 창업을 하기 전의 준비와 창업 후의 대비가 전혀 없이 베이커리업에 대한 안이한 인식과 마케팅의 부재로 접근한 결과이다. 고객은 왕이다(Guest is King)'라는 말이 있듯이 베이커리 사업을 하는 경영자나 기업은 고객 제일주의의 사고를 가지지 못하면 실패 할 것이며 고객 제일주의는 가장 이상적인 마케팅적 사고(思考)이다.

〈표 5-1〉 판매와 마케팅의 차이

구분	판매	마케팅
목적	판매하는 것	소비자의 만족추구
이익 관점	기업이 구하고자 하는 것	기업노력의 결과
소비자에 대한 인식	판매 대상	만족시켜야 하는 대상
기업 관점	1개 부서	기업의 중심부서
거래 관계	판매와 동시에 관계종료	소비자만족과 지속적인 관계
영업 활동	교환활동	창조적 활동
상품	주어지는 것	창출하는 것

② 마케팅 전략 수립절차

어떤 기업의 전략이란 기업이 목표를 달성하는 과정에서 변화하는 주위 환경에 어떻게 효과적으로 대처할 수 있는가에 관한 장기 계획과 의사결정을 수립하는 것이다. 특히 경쟁에서 생존하기 위해서 어떤 제품을 생산할 것인가 또는 어떤 시장을 목표시장으로 삼을 것인가를 계획하고 결정하는 과정이라 할 수 있다.

베이커리 기업의 마케팅 전략목표는 보통 매출액, 시장점유율, 순이익 등으로 정해

지지만 기업의 환경에 따라 목표설정을 달리할 수 있다. 예를 들어 베이커리 시장 진입초기인 기업은 무리하게 순이익을 목표를 설정한다든지 매출액을 과도하게 높게 설정하는 경우는 기업의 방향성을 잃어버릴 수 있다.

따라서 기업은 목표달성을 위해서 정보 수집을 통해 시장을 세분화하고 이를 바탕으로 기업이 적정한 표적시장(고객군)으로 설정하여 제품의 포지셔닝을 위해 마케팅 믹스를 활용하는 방법을 사용하여야 한다. 이 전략수립과정이 절대적인 원칙은 아니지만 기본적인 과정은 될 수 있다.

[그림 5-2] 마케팅 전략의 수립과정

3 베이커리 기업의 환경 분석

베이커리기업이 효과적인 마케팅 활동을 하기 위해서는 자기 회사를 둘러싼 외부 환경과 내부 환경을 분석하고 이에 대처하는 전략이 필요하다. 특히 베이커리업체의 환경은 수시로 변화하며 이 변화에 빠른 적응이 필요하다. 변화된 환경에 적응하지 못하면 위협요인이 되기 때문에 자기 회사의 장, 단점을 파악해서 장점은 최대한 활용하고 단점을 보완하는 등 환경에 슬기롭게 대처한다면 기회가 될 수 있다.

〈1〉 외부환경

1) 인구 통계적 환경

인구의 변동, 지리적 구성, 연령별 구성, 성별구성, 출생률, 사망률 등은 기업이 통제 불가능한 환경요인이지만 마케터에게는 기회가 될 수도 있고 위협이 될 수 있다. 예를 들어 출생률의 저하는 전반적인 유아용품의 구매감소를 가져오는 위협요인이 될 수 있지만 한 자녀를 위해 특성화되고 고가의 제품을 구입하는데 집중할 수 있어 또 다른 구매증가를 일으킬 수 있는 기회 요인이 된다.

2) 경제적 환경요인

소득의 증감에 따른 구매패턴의 변화가 일어난다. 소득이 증가하면 구매가 증가하고 소득이 감소하면 소비가 위축된다. IMF이후 베이커리업체의 침체가 좋은 예이다.

3) 자연적 환경요인

자연재해에 대한 통제 불가능한 환경은 무수히 많이 일어날 수 있다. 예를 들어 사스나 코로나바이러스 감염과 같은 전염병은 베이커리업계의 구매변화를 가져올 수 있다.

4) 기술적 환경

기술의 발달은 마케팅의 환경도 변화시킨다. 예를 들어 전자상거래는 기존 오프라인(Off-line) 단점을 보완하는 기회를 주지만 재택주문이 이루어짐으로써 일부 업체는 위협요인이 되기도 한다. 또한 기계와 장비의 발달로 제품의 표준화, 규격화가 이루어져 대량 생산이 이루어지고 있다.

5) 정치적 · 법률적 환경

정치적 문제나 법적인 규제는 기업이 통제할 수 없는 요인이며 예를 들어 유사 기업의 확산에 대해 규제하는 위협도 되지만 경쟁자의 확산을 방지하는 기회도 될 수 있다. 위생관리법, 소방법, 환경 관련법 등이 변화하면 그 내용에 따라 기업에도 영향을 미친다.

6) 사회 문화적 환경

사회의 신념이나 가치, 규범 등은 오랜 기간 무의식적으로 습성화되어 있어 틀을 바꾸기가 상당히 힘들다. 이런 현상은 연령에 따른 선호음식의 차이를 알 수 있으며 연령이 높을수록 전통음식을 선호하고 젊은 세대일수록 패스트푸드를 선호하는 경향이 있다.

7) 경쟁사 환경

전략 수립에 필수적인 분석사항은 경쟁사 분석이다. 가장 먼저 경쟁사가 누구이며 경쟁자의 전략을 확인하고 목표가 무엇인지 그리고 경쟁사의 약점과 강점을 파악해서 자사의 대응 전략을 마련 하는데 활용하여야 한다. 특히 베이커리업은 특허 개념이 없기 때문에 쉽게 모방이 가능함으로 우리 회사의 노하우(Know-how)가 노출되는 위협이 될 수 있고 벤치마킹을 통한 경쟁사의 노하우를 쉽게 알 수 있는 기회도 제공된다.

〈2〉 내부 환경

자기 회사가 가지고 있는 성과수준, 강점과 약점, 업체가 가지고 있는 제약조건을 분석하는 것이며 자기 회사 분석의 목표는 강점은 이용하고 약점은 수정 보완하여 대응 전략을 찾아내는 것이다.

> ● SWOT분석이란 : Strength(강점), Weakness(약점), Opportunities(기회), Threats(위협)의 합성어로 서 기업의 환경 분석을 통해 강점과 약점, 기회와 위협의 요인을 규정하고 이를 토대로 마케팅 전략을 수립하는 기법이다

4 전략목표 결정

자기 회사와 경쟁사의 환경을 SWOT 분석을 통해 확인하고 자기 회사의 정확한 목표를 결정할 수 있다. 이때 전략적 선택이 중요하며 자사가 수익성을 강조할 것인지 시장 점유율을 강조할 것인지 결정 해야한다. 특히 베이커리업체는 자사의 여건과 시장 상황, 제품의 수명주기 등을 충분히 파악한 후 결정하여야 한다.

5 시장 세분화

시장 세분화란 시장을 고객의 특성이나 욕구, 구매력, 지리적 위치, 태도, 습관 등 어떤 기준에 따라 고객을 나누는 것을 말한다. 세분화하는 이유는 광범위한 고객을 특정한 범위를 정해 자기 회사에 유리한 특성으로 접목시킬 수 있도록 하기 위한 작업이다. 대표적인 세분화 기준은 다음과 같다.

1) 지리적 세분화

소비자의 반응이나 활동범위가 지역에 따라 제한될 수 있다는 가정하에 행정구역의 구나 동 등으로 측정 가능한 지리적 규모로 세분하는 것이다. 이 때 세분화 과정

에서 과연 자기 회사가 점유할 수 있는 지역인가를 정확히 판단해서 설정해야 한다.

2) 인구 통계적 세분화

소비자의 연령, 성별, 가족규모, 가족 생활주기, 소득, 직업, 교육수준, 종교, 인종, 국적 등의 변수를 기준으로 세분화하는 것이다.

3) 심리 분석적 세분화

소비자의 사회계층, 라이프스타일, 개성 등을 기준으로 나누는 것이다.

4) 행동적 세분화

소비자의 메뉴에 대한 지식, 태도, 반응 등을 기준으로 나누는 것이다.

6 목표시장 선정

시장이 세분화되면 각각의 시장을 평가해서 자사에 적합하고 가능성 있는 표적 시장을 선정해야 한다.

1) 단일 세분시장 집중화

단일 세분 시장을 표적으로 집중하는 전략

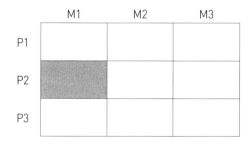

• M : Marketing(시장), P : Product(제품)
자료)Derek F. Abell, Defining the Business
: The Starting Point of Strategic Planing,
Prentice-Hall, 1980, pp 192-196.

2) 선택적 전문화

기업의 목표 및 자원과 부합되는 몇 개의 세분 시장으로 선정하는 전략

	M1	M2	M3
P1			■
P2	■		
P3		■	

3) 제품 전문화

여러 고객집단에 판매할 수 있는 특정 제품에 집중하는 전략

	M1	M2	M3
P1			
P2	■	■	■
P3			

4) 시장 전문화

여러 제품을 특정 고객 시장에 집중하는 전략

	M1	M2	M3
P1	■		
P2	■		
P3	■		

5) 전체시장 포괄

모든 시장에 모든 제품을 포괄적으로 제공하는 전략

	M1	M2	M3
P1			
P2			
P3			

7 포지셔닝(Positioning)

세분화된 시장에서 베이커리 업체의 여건이나 여러 가지 조건에서 적합한 목표시장이 선정되면 제품이나 서비스가 고객의 욕구에 부응하도록 집중할 필요가 있는데 이것이 포지셔닝(Positioning)이다. 즉 선정된 고객들의 마음속에 우리 회사의 제품이나 서비스가 다른 회사의 제품과 서비스보다 차이가 있으며 가치가 있는 것으로 인식하게 하는 활동이다.

특히 경쟁회사와 제품을 차별화하는 전략, 서비스를 차별화하는 전략, 종업원을 차별화하는 전략, 회사 이미지를 차별화하는 전략 등이 있을 수 있다.

8 마케팅 믹스 관리

서비스 산업에서는 기존의 4Ps에 3Ps를 추가하여 7Ps로 확장된 마케팅 믹스를 활용하는데 이것보다 더 중요한 것은 이것을 운영하는 사람의 자질과 역량이다.

1) 제품(Product)관리

제품은 마케팅믹스 중 가장 핵심적이며 아무리 다른 전략을 잘 세웠더라도 고객이 원하는 제품의 제공이 어렵다면 판매는 이루어 질수 없다. 코틀러(Kotler)는 제품을 계획할 때 3가지의 차원으로 나누었다.

① 소비자가 실제로 구매하는 핵심제품
② 소비자가 실체적 제공물에서 느낄 수 있는 수준에서 인식된 실제 제품
③ 소비자가 실제 제품에 추가적 서비스와 편익을 포함한 확장제품

2) 가격(Price)관리

가격전략은 기업의 이익뿐만 아니라 시장의 수요에도 큰 영향을 미칠 수 있기 때문에 가격을 결정할 때는 다양한 요소를 고려하여야 한다. 가격결정에 영향을 미치는 요인으로 기업목표, 가격목표, 원가구조, 다른 마케팅믹스 변수, 경쟁사, 소비자의 반응, 정부의 정책 등이다.

가격을 결정하는 방법에는 3가지가 있다.

① 경쟁업체의 가격을 기준으로 해서 결정하는 경쟁중심의 가격결정방법
② 원가 중심의 가격결정방법
③ 소비자의 지각된 가치를 이용하여 가격을 결정하는 소비자 중심의 가격결정방법

3) 촉진(Promotion)관리

아무리 좋은 메뉴를 개발하고 판매하더라도 소비자가 알아주지 않으면 아무 소용이 없다. 따라서 기업들은 목표 고객을 대상으로 자사의 메뉴 정보를 제공하는 것을 촉진이라 한다.

촉진수단으로는 인적판매, 홍보, 광고, 판매촉진으로 나눈다. 인적판매는 판매원을 통하여 제품이나 서비스를 소비자에게 직접 알리는 활동이다. 홍보는 대가를 지불하지 않고 일반 대중에게 기업과 제품을 알리고 좋은 이미지와 좋은 관계를 유지하려는 활동이다. 광고는 대중매체를 통하여 불특정 다수에게 유로로 자사의 제품이나 서비스를 알리는 것이다. 판매촉진은 즉각적인 판매증대를 유도하기 위한 단기적인 유인책이다.

4) 입지(Place)관리

생산된 제품과 서비스가 소비자 또는 사용자에게 정확하고 편리하게 이전되는 과정으로 베이커리업체는 점포의 입지를 의미한다. 베이커리기업의 성공적인 요소 중 하나가 입지라 할 수 있다. 고객의 접근이 유리한 곳이면 다양한 전략의 효과를 발휘할 수 있다. 베이커리업체가 입지선정 시 유의해야 할 사항은 보행인구, 차량통행인구, 대중교통수단의 인구 및 이용의 용이성, 통과 차량의 속도, 점포면적, 주차면적, 인접상권, 도시 계획 등이다.

5) 서비스 프로세스(Process)관리

서비스 프로세스란 서비스가 진행되는 절차나 활동을 의미하며 서비스는 흐르는 물과 같이 진행되어야만 고객이 만족할 수 있다. 예를 들어 고객이 제과점을 방문하여 제품을 담을 수 있는 기물 세팅과 계산하는 활동이 전개되는데 어느 한 과정에서도 고객의 불만이 나오지 않아야 한다.

6) 서비스 물리적 증거(Physical Evidence)관리

무형의 서비스가 제공되는 데 필요한 모든 유형적 요소들을 말하며 고객이 품질을 결정하는데 중요한 요소이기도 하다. 물리적 증거의 구성은 물리적 환경 즉 각종 베이커리의 시설물이나 간판, 주차장, 위생상태, 기물류, 온도 등이 있으며 기타 종업원의 유니폼, 광고, 메모지, 영수증 등이다.

7) 서비스 종업원(Person)관리

이 관리는 내부 마케팅(Internal Marketing)관리 라고도 한다. 전통적인 마케팅에서는 외부고객 위주의 모든 활동이었다. 그러나 고객과 최접점에 있는 종사원의 중요성이 인식되고부터 종사원의 동기부여를 시켜줌으로써 서비스의 품질이 향상되고 기타 원가절감이나 업무의 효율성이 높다는 점이 알려졌다.

종사원이 기업에 대해 만족하도록 관리가 된다면 양질의 제품과 서비스가 나오며 이로 인해 고객은 만족하게 된다. 만족한 고객은 기업에 로열티(Loyalty)가 높아지고 기업의 이익은 증가하는 순환과정을 이루어진다. 따라서 기업은 종사원의 업무나 작업환경개선을 통한 직무 만족도를 높이고 관계하는 사람간의 갈등을 해소시켜 줌으로써 제1차적 고객관리가 이루어진다고 할 수 있다.

제3장

인적자원관리

1 인적자원관리의 개요

베이커리 산업은 제품의 맛과 서비스를 주요상품으로 판매하는 사업이다. 베이커리기업의 인적자원관리는 베이커리업체가 원하는 적합한 인력을 고용하고 교육과 훈련을 통해 종업원의 자질을 개발하여 적재적소에 배치하여 기업에 적절하게 활용하여 기업의 목표를 달성하는 것이다.

베이커리기업의 창업 과정 중에서도 가장 힘든 부분은 업장의 특성과 분위기에 가장 적합한 인재를 구하는 일이다. 인재의 확보는 정해진 매뉴얼이 있는 것이 아니라 자기기업의 환경, 경영주의 경영방침, 종업원의 자발적이고 자율적인 베이커리직업인으로서의 직업의식 등을 통해서 해결 방법을 찾아야 할 것이다. 유능한 인재 채용을 위한 모집-선발-교육.훈련-평가-배치-사후관리(승진,퇴직) 절차는 다음과 같다.

[그림 5-3] 종업원 채용 절차

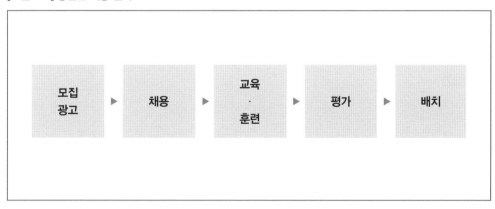

〈1〉 모집 광고

종사원을 채용하는데 있어 더 좋은 인재를 선발하기 위해선 더 좋은 인재들이 지원할 수 있도록 기업을 알리는 일도 중요하다. 기업의 성격과 전망을 지원자들은 나름대로 판단하고 그들의 장래성과 부합되는 업체에 취업을 하려고 할 것이다. 이러한 전망들을 종사원이 이해할 수 있도록 설득하는 것도 좋은 인재를 선발하려는 기업의 입장에서는 중요한 일이다. 그러나 어디서 어떻게 인재를 찾아내야 하는지, 실제로 어려워하는 경우도 많다.

다음은 베이커리기업의 종사원 채용에 있어 효율적인 방법들이다.

① 베이커리업체와 비슷한 규모의 업종에서 필요한 인력을 스카우트하는 방법

② 지역신문 등의 정기 간행물이나 인터넷의 구인·구직 광고를 내는 방법

③ 고용안정센터, 직원 훈련원등의 정부 양성기관을 통한 구인

④ 현재 근무하고 있는 종사원의 소개를 통한 구인

⑤ 베이커리업체 관련 잡지(월간베이커리, 월간파티시에)나 홍보지를 통한 구인

⑥ 경력직원을 채용하여 신입직원의 기술 전수 계약을 하는 방법

⑦ 거래업체를 통해 소개받는 방법

⑧ 관련 학원이나 교육기관에 의뢰하는 방법

⑨ 대학의 관련학과나 베이커리컨설팅 전문기관에 의뢰하는 방법

위의 방법 중에서도 경영주 본인이 유사업체에 일정기간 취업하여 경영방침이나 제과기술 등을 전수받아 자신이 운영하는 업체의 기본 틀을 독창적으로 개발하여 정착화 시켜 운영하면 기복이 없고 혹시 종사원이 급작스럽게 그만두게 되는 상황이 발생하더라도 항상 일정한 업체 운영을 할 수 있는 장점이 있다.

〈2〉 채용

베이커리기업에서 종사원은 업체의 전체적인 분위기를 조성하고 고객에게 만족감을 줄 수 있는 맛과 서비스를 제공하기 때문에 업체의 입장에서는 매우 중요한 무형적인 자산이다. 이러한 중요한 역할을 하는 인재선발을 위해서는 유의해야 할 것은 업장의 성격에 적합한 기준을 두고 선발하는 것이 좋다. 직무의 명확성, 지원자의 성격이

나 포부가 베이커리업체의 직무에 적합한가, 현재의 우수함도 중요하지만 앞으로 성장할 수 있는 가능성을 가진 지원자인가, 베이커리기업에 있어 가장 중요한 요소인 고객을 배려하고 생각하는 감성과 인성을 가진 지원자인가 등을 파악할 수 있는 안목을 가지고 채용해야만 실패 없는 경영을 할 수 있다. 또한 기술과 경험이 부족하더라도 잠재력을 가지고 있는 지원자들은 교육과 훈련에 의해 얼마든지 훌륭한 인재로 만들 수 있다는 것을 잊어서는 안 된다.

1) 채용 기준

고객 지향적인 종사원을 만들어내기 위한 첫 단계는 처음 종사원을 채용할 때 올바른 기준을 세우는 것이다. 종사원들은 맛과 서비스직에 종사함으로 질 높은 제품을 만들어 고객에게 제공하는 종사원의 기본 조건은 다음과 같다.

① 높은 자부심과 열정을 가져야 한다.
② 육체적 노동력을 필요로 하는 직업으로 건강관리가 중요하다.
③ 대인관계에서 조직내 포용력을 지닌 사람이어야 한다.
④ 인내력을 가지고 있어야 한다.
⑤ 위생 및 안전관리 관념이 투철한 사람이어야 한다.

2) 채용 시 유의사항

다음은 종사원을 채용할 때 일반적으로 유의해야 할 사항들이다.

① 지원자의 기본적인 사항과 경력 사항을 볼 수 있는 이력서
② 건강상태를 알 수 있는 건강 진단서
③ 해당 업체 근무 경력
④ 제과.제빵 업무에 관한 자격증이나 교육 이수증
⑤ 가족관계와 자기소개서
⑥ 업체 선택 이유와 앞으로의 포부
⑦ 제과인으로서의 조직적응력, 자질, 잠재력

2 직원 교육·훈련

매장이 좋은 입지와 훌륭한 시설을 갖추고 있다고 하더라도 그것만으로 업체가 번창할 수 있는 것은 아니다. 종사원의 질적인 수준에 의해서도 업체의 성패가 좌우 될수 있다. 아무리 훌륭한 인재라도 처음부터 기업의 이미지와 고객을 만족시킬 수 있는 종사원은 없기 때문에 교육이 필요한 것이다.

이러한 종사원은 교육과 훈련에 의해 이루어지기 때문에 기업형 베이커리업체에서는 기업 자체의 연수원이나 아카데미 등의 시설을 만들어 종사원 교육을 실시하고 있으며 영세한 베이커리에서는 현장에서 상급자에 의해 교육이 이루어진다.

〈1〉 교육·훈련의 개념

교육은 한 사람이 가지고 있는 잠재성을 밖으로 끌어내어 발달시켜 실현의 상태로 변화하게 만드는 것이다.

교육이 정신적. 질적 수준 향상에 초점을 두는 반면 훈련(Training)은 제과제빵·관리 등의 구체적이고 기술적이나 기능적인 측면의 수준 향상을 목표로 한다. 동작과 태도에 대한 숙련도 향상을 의미하기 때문에 교육과 훈련은 하나의 동질개념으로 조화가 이루어져야하는 것이다.

베이커리 종사원을 위한 훈련은 두 가지로 나눌 수 있다.

① 객관적으로 측정이 가능한 기술 훈련이다.

이 훈련을 실행할 경우 경영자들은 훈련이 필요한 기술이 어떠한 기술이며, 어떤 기술 수준들이 훈련 프로그램의 목표인가를 이해하고 훈련 체계를 세워야 한다.

② 종사원들의 개인적인 성장을 위한 개인적 성숙 훈련이다. 이는 종사원들의 직업에 대한 동기를 만들어주고 자아개발도 가능케 해준다. 기술훈련이'하드웨어 기술'인 반면 이는 '소프트웨어 기술'로 자신감을 심어준다든가 스트레스 관리법, 시간관리, 목표설정 등 개인 업무와 생활에 있어 종사원의 자아계발에 도움을 준다. 이는 발전하여 종사원의 임파워먼트(권한부여)까지 더할 수 있다.

〈2〉 교육 · 훈련의 요소

교육 활동은 교육의 주체가 되는 교육자, 교육을 받는 객체인 피교육자, 그리고 주체와 객체가 상호 커뮤니케이션 가능한 매개체인 교육내용으로 구성되어 이를 교육활동의 3요소라고 한다.

[그림 5-4] 교육 활동의 3요소

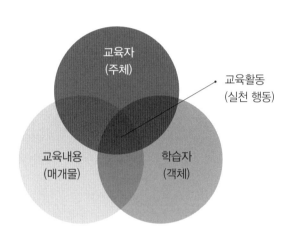

1) 교육 · 훈련의 주체

교육 · 훈련의 주체인 교육자는 전문성을 겸비한 직장상사이거나 선배가 되며 이들은 업무의 지도적인 책임과 사명을 다하면서 피교육자에 대한 인도 · 안내 · 지표를 제시하고 전문지식 · 기술 및 기능을 학습시키는 사람이다.

2) 교육 · 훈련의 객체

교육 활동의 대상이 되는 피교육자, 즉 학습자는 교육자의 지식이나 경험을 모방 또는 전수받는 입장에서 학습의 주체로서 주체적인 성격을 가진 객체이다. 피교육자는 교육의 시간을 때우는 것이 아니라 적극적으로 배워 스스로의 발전을 위해 노력하려는 의지가 있어야 한다.

3) 교육 · 훈련의 교육내용

교육 훈련의 내용은 교육의 목적에 대한 실천적 행동으로서 베이커리기업의 경우 매뉴얼에 의해 교육. 훈련이 이루어지고 있다. 교육의 내용은 업무에 대해 타당성, 합리성, 체계성을 가지고 있어야 하며 그래야만 기업에서 원하는 기대효과가 나타난다. 베이커리 기업의 교육 · 훈련에는 대부분 이론 교육보다는 기술적. 기능적인 훈련에 집중되어 있다.

3 교육 · 훈련 체계

〈1〉 교육 훈련의 종류

종사원을 채용한 후에는 경영효율의 최대화를 위해 교육 · 훈련을 실시하여야 한다. 교육 · 훈련은 신입사원뿐만 아니라 기존의 종사원과 관리직원에 대한 교육. 훈련 또한 지속적으로 이루어져야 한다.

교육 · 훈련은 베이커리기업의 경영이념과 매뉴얼을 토대로 하여 베이커리사업에 대한 개념 정립, 업체의 운영관리, 상품지식, 설비조작, 등 본사 차원과 점포차원에서 이루어 진다.

교육 · 훈련은 업종과 업태 특성에 알맞게 프로그램화 되어 직급별 · 단계별로 실시한다.

〈2〉 신입사원 교육

신입사원은 직장 생활의 기본과 예절을 교육하는 것을 시작으로 업체에 대한 자긍심과 신뢰를 형성하도록 한다.

우선 베이커리업체의 규칙과 매뉴얼을 숙지하는 것이 기본이다. 그 규칙과 매뉴얼에 대해 이해를 할 수 있도록 한다. 실습을 통한 직무 능력향상과 인성함양을 위한 교육등 이 필요하다.

주어진 임무에 대해 책임감을 부여하고 업체에 가장 중요한 품질관리와 고객에 대한 이해, 기본적인 서비스마인드 함양 등의 훈련을 실시한다.

신입사원 교육에 있어 필요한 교육 내용들은 다음과 같이 이루어져야 한다.

① 베이커리에 대한 이해를 위해 현재 베이커리업체의 현황과 미래에 대한 전망 등을 알기 쉽게 설명한다.

② 신입사원이 업체에 대한 자신감을 갖고 의욕적으로 일할 수 있도록 회사의 비전을 제시하고 경영이념과 방침을 이해시킨다.

③ 베이커리기업 조직에서 누가 명령을 하고 중간 관리자는 누구이며 구체적으로 명령 이행을 하는 사람은 누구인가 등의 조직체계에 대해 명확히 설명하여 교육한다.

④ 업체의 영업방침을 제시한다. 급여와 보상, 성과 평가, 근무 계획, 영업시간 등의 영업방침을 설명하고 노동계약서를 작성하도록 한다.

⑤ 마지막으로 교육이 어떻게 이루어질 것인가에 관한 교육체계에 관한 사항을 알려준다.

교육의 효과가 지속될 수 있는 기간은 최대 3개월 정도라고 한다. 입사 후 3개월 정도가 지난 종사원들에겐 위생교육, 인성교육, 직무관련교육, 임파워먼트 등의 교육을 한다.

4 교육 · 훈련 체계 분석

교육훈련 체계란 교육 활동을 실시하는데 있어서 필요한 사항을 말하는 것이다. 그 범위는 다음과 같이 나타낼 수 있다.

1) 교육의 목적

베이커리 업체의 경영이념에 맞추어 필요한 인재를 어떻게 육성할 것인가에 대한 계획 수립이 필요하다.

2) 교육의 방침

수립된 교육계획을 어떠한 방식으로 전개해 나갈 것인가를 고려한다.

3) 교육제도

교육을 실제로 운영해 나아가는데 있어서의 조직 구도를 생각한다.

4) 교육 실시체제

어느 부문이 어떻게 수행해 나아가는가에 대해 고려한다.

5) 다른 인사제도와의 관련성

예를 들어 승진자격조건과 교육과의 관계 등을 연관시켜 생각한다.

교육 훈련체계는 교육의 목적이나 교육방침, 교육제도 등 교육의 모든 시책을 도표로 만든 것이며, 이것을 회사의 교육체계라고 일컫는 것이 일반적이다.

[그림 5-5] 교육훈련 체계

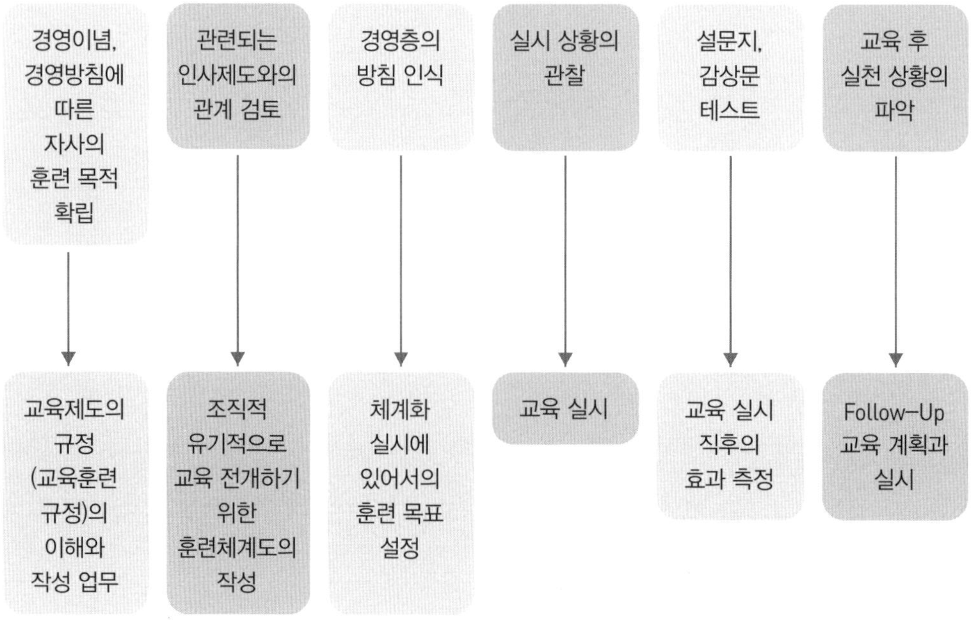

5 교육 · 훈련 절차

베이커리기업에서 종사원을 채용 후 그들의 현재 능력이 요구되는 능력보다 적을 경우 교육, 훈련을 계획하게 된다. 이때 교육 훈련 체계가 세워지면 절차에 따라 교육, 훈련이 진행된다.

기업에서 요구되는 능력을 충족시키기 위해서 업무의 외부 위탁에 의한 충족과 능력개발에 의한 충족, 배치. 전환 승진에 의한 충족 세 가지 방법 중 적당한 방법을 선정한다. 이로 인해 종사원은 교육의 필요성을 깨닫고 교육, 훈련을 통한 본인의 계획적인 노력에 의해 자기개발에 의한 충족을 기대하게 된다. 이러한 충족기대가 생기면서 합숙 훈련이나 사내 집합교육, 국내외 파견 교육의 방법에 의해 교육, 훈련에 대한 기대는 충족되는 것이다.

베이커리업체의 인력개발을 위한 교육 훈련 절차 중 가장 우선 되어야 할 것은 다음과 같다.

① 교육의 내용을 설정한다. 교육 전에 피교육자에게 가르칠 교육 내용과 기대효과를 설정한다. 또한 교육내용을 매뉴얼화하여 교육자가 바뀌더라도 혼돈이 없게 한다.

② 교육단계를 설정한다. 즉, 쉬운 것부터 시작하여 어려운 것으로 단계적으로 교육한다. 이를 위해선 사전에 업무를 간단한 것에서 복잡한 것으로 작업과정의 분석이 필요하다.

③ 교육 기간을 설정한다. 교육내용이 설정되었다면 각 단계마다 가장 효율적인 교육 시간이나 기간을 설정한다. 몇 시간을 얼마 동안 교육 할 것인가를 계획한다.

④ 교육담당자를 결정한다. 교육에 적합한 교육담당자를 결정하여 통보한다.

⑤ 교육내용을 충분히 이해하고 있는가, 확인은 누가 어떤 방식으로 할 것인가를 점검하고 확인한다. 가르치는 사람이 일정하다고 해도 배우는 사람은 수준이 있으므로 상대에 맞는 교육속도를 유지한다. 교육내용을 평가하고 얼마나 알고 있는가를 확인하는 절차를 거친다.

[그림 5-6] 교육. 훈련 절차

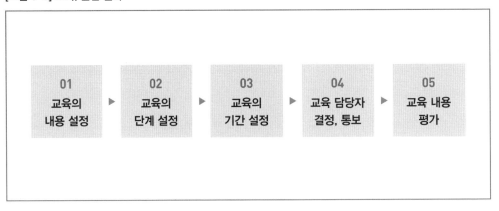

| 01 교육의 내용 설정 | ▶ | 02 교육의 단계 설정 | ▶ | 03 교육의 기간 설정 | ▶ | 04 교육 담당자 결정, 통보 | ▶ | 05 교육 내용 평가 |

6 OJT(On the Job Training) 교육

사내교육 훈련의 방법에는 대표적으로 오리엔테이션과 직장 내 현장 교육인 OJT(On the Job Training)과 집합 교육인 OFF · JT(Off the Job Training) 등이 있다. 특히 OJT교육은 최근에 중시되고 있으나 집합 연수를 통한 대인관계 계발이나 자기개발도 중시되어 OJT, 집합 연수, 자기개발 등의 3요소가 사내교육의 중심이 되고 있다. 다음은 사내교육의 종류 3가지와 그 특징을 나타낸 표이다.

〈표 5-2〉 교육의 종류

구분	수준	교육내용	실시자
집합 연수 OFF JT	조직 능력개발	• 동일내용의 지식, 기법교육 • 신입사원교육, 계층별 교육, 전문 교육	주로 교육부서가 행함
직장내 교육 OJT	직장 내에서 능력개발	• 직원 개개인의 능력과 일에 맞춘 교육 • 직무능력태도 문제해결 교육	상사가 부하에게 실시
자기개발	개인필요 요구에서의 능력개발	• 개인이 필요로 하는 지식습득	자기 자신 돈과 시간을 투자하여 공부

⟨1⟩ OJT(On the Job Training)의 개념과 목적

OJT는 일이나 직장 생활을 통해서 부하사원 각자의 능력을 높이고 이것을 충분히 발휘시키기 위한 상사의 의도적인 관리이며 활동이라고 할 수 있다. 보다 높은 업적을 달성하기 위해서 상사는 부하에 대해서 직접 일을 가르칠 뿐만 아니라 부하가 육성되도록 여러 가지 관리를 의도적으로 진행하는 것을 의미하고 있다.

따라서 일을 가르치는 방법은 물론, 일을 주는 법, 일을 시키는 법, 일을 평가하고 격려하는 법, 나아가서는 소집단 활동을 활성화시키고 직장의 분위기 조성 및 상사로서의 자세 등 다양한 관리를 교육하게 된다.

상사나 선배는 주체성을 가지고 교육. 훈련의 필요성을 정확히 파악해서 계획을 세운 후 교육하고 그 결과를 평가해야 한다. 교육은 항상 계획에 의해서 누구에게, 무엇을, 언제까지, 어느 정도, 어떤 방법으로 교육해야 할지를 계획하고 실행하는 것이다.

OJT교육에 따른 효과는 다음과 같다.

① 업무수행 능력을 개선한다.
② 부하 직원의 직무능력을 향상시킨다.
③ 부하 직원에게 근무 의욕을 높인다.
④ 부하 직원의 자주성과 창의성을 활성화 시킨다.
⑤ 부서의 목표를 달성한다.
⑥ 기업의 존립과 발전을 추구하게 된다.

⟨2⟩ OJT의 필요성

오늘날 기업 내에서 OJT의 중요성이 강조되고 있는 이유는 업무의 내용이나 방식이 급격하게 변화됨에 따라 지금까지의 지식이나 경험만으로는 불충분하고, 급속한 기술 혁신에 의해서 지적 능력이 보다 강하게 요구되므로 이러한 능력배양을 경쟁력 강화의 일환으로 삼고 있기 때문이다. 특히 소수 정예화의 인재육성이 추진되면서 개개인의 능력을 고도화시키고 다양한 일을 이루어 갈 수 있는 자질의 인재가 요구되고 있다.

한편 OJT가 기업 내에서 완벽하게 진행되지 않는 이유는 일상의 관리 · 감독업무가 많고 시간의 여유가 없어 일일이 OJT를 할 수 없고, OJT에 대한 부하의 의욕과 적극적인 자세의 부족으로 효과가 오르지 않으며, 교육계획서를 만들어 계획적으로 교육한다는 것은 지속적인 정책성이 없는 한 현실적으로 의미가 없기 때문이다. 이러한 이유는 OJT에 대한 이해 부족이나 오해에서 기인하고 있으며, 관리자 자신의 책임회피일 수도 있다. 보다 적극적이고 효과적인 OJT를 실시하기 위한 방법에는 다음과 같은 것들이 있다.

① OJT에 대한 관리자의 열의와 부하로부터 신뢰를 구축해야 한다.

② OJT를 끈기 있게 지속적으로 실천하다.

③ OJT를 추진하는 데 있어 효과적인 기법을 사용한다.

④ 부하의 능력을 어떻게 하면 향상될 수 있겠는가 하는 연구와 함께 원리 · 원칙을 이해시키는 것이다.

〈3〉 OJT의 목표

OJT는 기업 내 교육. 훈련의 근간이다. 따라서 종사원 각자의 직무수행능력은 일과 직무경험을 통해서 그 향상을 도모 할 수 있다. 교육의 필요 점을 가장 쉽게 파악할 수 있는 사람은 부하 종사원의 직속상사이고, 부하는 일반적으로 상사의 업무처리방법이나 행동을 본받기 마련이며, 상사는 부서 내의 분위기 형성에 절대적인 영향을 미친다. 조직이 성장하고 발전하기 위해서는 유능한 후계자 육성이 필요하며, 이런 의미에서 부하의 육성은 전적으로 상사의 책임이 된다. 인재가 육성되기 위해서는 본인의 의욕과 상사나 선배의 지원이 조화를 이룰 때 비로소 교육의 효과는 성과로 나타나게 되는 것이다.

이렇게 교육이 성과로 나타나게 하기 위해서는 다음과 같은 5가지 목표를 달성해야 한다.

① 구체적인 주요 업무 목표를 달성하기 위해서 부하 개개인의 일상행동을 계속 변화시킨다. 이것은 주체성 없는 사고에서 탈출할 수 있도록 환경을 만들어주고, 부하 개개인의 평상시 행동을 계속 변화시켜 줄 수 있는 관리자의 강한 실천력과 용기가 필요하게 된다.

② 부하직원을 사려 깊고 창의적인 인간으로 키운다. 평소에 일을 시킬 때 생각하는 능력을 배양시킬 수 있도록 기회를 제공한다.

③ 부하 직원에게 자발적으로 목표를 설정시킴으로써 자기개발 의욕을 촉진시킨다. 개개인의 업무중점 목표를 스스로 설정케 함으로써 자신의 개발계획을 세울 수 있도록 유도한다.

④ 장기적 안목에서 부하직원 개인을 육성한다.

⑤ 회사 목표달성을 위하여 강력한 통합 체제를 확립한다. 이는 회사의 목표를 생각하고 횡적 연결에 의한 전체의 통합이 이루어질 수 있도록 체계를 구축하는 것이다.

〈4〉 OJT의 진행

1) OJT 계획 수립

OJT교육대상의 업무 선정에 있어서 부서의 중점업무목표를 설정하여 관련성 있는 업무를 취합하고, 업무선정기준에 의해서 엄선하여 선정한다.

- 긴급도가 높은 것
- 중요성이 높은 것
- 관리업무에 영향이 큰 것
- OJT로서 관리자가 진행할 수 있는 것
- 일정기간 내에 실현이 가능하다고 생각되는 것

계획 수립 시 중요사항으로는 누구에게, 무엇을, 언제까지, 어느 정도, 어떤 방법으로 할 것인지를 구체화하고 명확하게 수립한다. 상대가 의욕이 생기도록 사실이나 데이터를 중심으로 충분히 설명하고, 본인 스스로 능력개발을 할 수 있도록 유도한다. 아울러 전담 책임지도사원을 선정한다. 또 지도목표를 선정할 때는 전담 책임지도사원은 부서장과 협의하여 도달하고자 하는 육성목표를 설정하고, 동시에 지도 항목 등 구체적인 OJT 계획을 수립한다. 지도목표는 현실의 제약에 얽매여 무계획적인 지도를 해서는 안 된다.

2) 효과적인 OJT 기법

동기부여와 동기유발은 목표달성을 촉진하는 하나의 수단적 방법으로서 교육기법으로부터 출발하고 있다. 능숙한 방법에 의한 칭찬은 상대의 의욕과 정열을 높이고 능력이나 장점을 고양시킬 수가 있는데, 부하에 대한 능숙한 칭찬법과 능숙한 질책을 통하여 안 되는 행위를 금기시키고 잘못된 점을 납득시키는 질책법은 다음과 같다.

① 효과적인 칭찬법

- 칭찬을 할 때는 진심으로 칭찬한다.
- 칭찬하는 점은 확실하고 구체적으로 요점만 간결하게 칭찬한다.
- 칭찬은 가급적 필요할 때만 하고, 타이밍을 놓치지 않아야 한다.
- 칭찬을 하면서 주의해야 할 점에 대한 충고는 바로 주의를 준다.
- 앞으로의 기대감을 표출하다

② 효과적인 질책 법

- 이유를 상대가 알 수 있도록 설명하며, 감정적으로 질책하지 않는다.
- 평소의 장점을 이야기함으로써 상대가 받아들이기 쉽도록 한다.
- 사실을 확인하고 꾸짖는다.
- 상대방의 해명을 충분히 들어본다.
- 꾸짖은 후에 사과하는 태도를 취하지 않는다.
- 앞으로의 기대감을 표출한다.
- 사적인 감정을 표출하지않는다.

3) 효과적인 교육기법

위와 같이 교육에 대한 사전준비, 작업의 설명, 실행, 점검의 4단계를 활용하면 교육효과를 극대화할 수 있다.

효과적인 교육은 부하를 지도, 육성하여 궁극적으로 베이커리업체 이미지에 맞게 변화 시키는데에 있다. 부하직원의 육성은 그들의 잠재 능력을 개발시켜 주는 것이다. 이를 위해선 상호간의 신뢰 관계가 상태에서 목표관리를 지도해주고 잘못된 것은 지적, 충고해야 한다.

우수한 사원은 신입 때 어떻게 교육을 받고 직장에 대한 어떤 가치관을 갖느냐에 의해 만들어지며 관리자가 지원을 해 줌으로써 서비스 업무의 표준화를 교육을 진행해야 효과적인 교육이 가능하다.

7 평가

채용된 종사원이 기본 교육을 이수하고 근무를 시작했을 때 근무 의욕을 잃지 않고 종사원 자신의 노력과 성과에 대한 충분한 보상을 위해서 또한 동기부여 방법으로 매우 중요한 것이 평가 시스템이다.

평가의 기준 항목은 베이커리기업의 특성, 고객, 규모, 경영시스템에 따라 달라진다. 베이커리기업 실정에 맞도록 평가표를 미리 만들어서 종사원들에게도 사전에 알려주고 평가를 한다.

평가내용은 근무태도, 적극성, 근태, 상호 협조성, 예절, 지속성, 책임감, 정확성, 숙련도, 발전성 등을 포함하도록 한다.

8 배치

엄격한 선발 과정에 따라 채용되고 교육된 직원은 직무분석에 따라 적재적소에 배치하여야 한다. 그러나 어떤 직무에 배치된 직원이라도 일정 기간이 지나면 그들의 근무태도와 능력에 변화가 일어나기 시작한다. 따라서 일정 기간마다 공정한 인사고과를 실시하여 직원의 성격, 능력, 근무상태 등을 재평가하여 전직, 승진, 강등 등의 이동을 시킬 필요가 있다.

베이커리업체의 경우 대부분 소규모의 영업조직 단위로 운영되고 있어 일반 기업과는 달리 승진이나 전직의 이동 폭이 그리 넓지 않아 직원의 사기 저하와 이직률이 높은 편으로 이들의 인적 능력을 효율적으로 활용하고 직원의 근무 의욕을 고취할 수 있는 다양한 배치 계획이 필요하다.

〈1〉 적재적소의 배치

적재적소에 직원을 배치하기 위해서는 직무를 합리적으로 편성하고 이들이 직무 수행에 필요한 능력 요건의 명확화는 물론 직무 수행 능력과 적성에 관한 조사 분석 자료를 가지고 처리해야 한다.

1) 적재적소 배치의 장점

• 개인 능력에 의한 새로운 아이디어 창출
• 단위면적당 생산성 향상(3.5배)
• 조직 및 업장 간 상호 유기적인 관계 유지
• 식재료 원가절감
• 이직률 감소

〈2〉 순환배치(Cycling Layout)

제한된 공간과 노동력을 동원하여 생산의 탄력성을 적용시켜 원활히 수행하고 더욱 단위면적당 노동력 생산성 강화를 추구하기 위해서는 구성원들 간의 순환배치를 통하여 잠재 능력을 개발해야 한다. 순환배치란 일정기간 동안 같은 업장과 업무 내용이 동일한 장소에서 다른 장소로 이동과정을 거쳐 업무 흐름을 도와주는 기법이다.

1) 순환배치에서 주의 할 점

- 개인의 적성을 고려해야 한다.

- 생산시설의 규모와 위치를 파악한다.

- 개인에 능력을 파악하여야 한다.

- 업장간의 효율성을 검토한다.

제4장

서비스관리

제1절

서비스(Service)

1 서비스(Service)의 정의

서비스라는 용어는 우리가 흔히 일상생활에서 쉽게 사용하고 있으며 그 쓰임새에 따라 의미가 다르게 사용된다. 미국마케팅협회(American Marketing Association: AMA)는 서비스를 판매 목적으로 제공되거나 메뉴의 판매와 관련하여 제공되는 제반 활동, 편익, 만족으로 정의하였다. 또한 코틀러는 서비스를 '본질적으로 무형이며 소유권의 이동 없이 타인에게 제공되는 행위 또는 만족'이라고 하였다.

서비스라는 단어를 다음과 같이 풀어서 설명하기도 한다.

① S(Sincerity, Speed & Smile) : 서비스에는 판매의 3S로 중시되어온 성의, 스피드, 스마일이 있어야 한다. 성의 있고 신속한 서비스, 상냥한 미소가 제공되어야 한다.

② E(Energy) : 서비스에는 활기찬 에너지, 즉 힘이 넘쳐야 한다.

③ R(Revolutionary) : 서비스는 새롭고도 혁신적이어야 한다.

④ V(Value) : 서비스는 서비스를 제공하는 사람이나 제공받는 사람 모두에게 가치

있는 서비스가 되어야 한다.

⑤ I(Impressive) : 고객에게 감동적이어야 한다.

⑥ C(Communication) : 서비스는 상호 의사소통이 중요하다.

⑦ E(Entertainment) : 고객을 진심으로 환대하는 정신이 필요하다.

〈표 5-3〉 서비스의 특성

특성	내용
무형성 (Intangibility)	• 서비스는 추상적이며, 만질 수 없다. • 서비스를 제공 받기 전에는 맛 볼 수 도 없고 냄새, 소리를 들을 수도 없다.
이질성 (Heterogeneity)	• 서비스는 생산과 분배과정에 사람이 개입하기 때문에 유형 제품처럼 동질적일 수 없다. • 서비스는 품질이 일정하지 않아 가변적이다.
비분리성 (Inseparability)	• 서비스는 생산과 소비가 동시에 일어난다 • 생산과 동시에 소비되므로 서비스 생산과정에 고객이 참여한다.
소멸성 (Perishability)	• 서비스는 재고 형태로 보관할 수가 없으며 즉시 사용하지 않으면 사라진다. • 서비스는 소멸하기 때문에 수송이 불가능하다.

〈1〉 무형성

무형성(Tangibility) 서비스의 특성 중 가장 대표적인 특성이다. 이는 구매 전 보거나 만지거나 냄새를 맡을 수 있는 유형적 대상이 결여되어 있어서 실체를 객관적으로 느낄 수 없다는 특성을 말하고 있다. 영화, 스포츠 관람, 혹은 강습 등과 같은 서비스는 상당히 무형적이라고 할 수 있다. 그러나 비록 이와같이 서비스들이 무형적이라 하더라도 각 서비스들은 그 서비스들이 제공될 때 사용되는 유형적 단서들이 있게 마련이다. 예를 들면, 영화의 경우 극장이나 벽에 포스터가 유형적 단서로 사용될 수 있고, 스포츠 관람은 운동경기장이나 연습중인 운동선수들을 통해서 고객들이 제공되는 서비스를 느끼게 되며 강습은 강의실, 교재 혹은 강의 도구 등을 통해서 제공되는 서비스를 기대하고 인식할 수 있게 된다. 그러나 이와 같은 모든 상황에서도 실제 서비스에 대한 결과는 서비스가 수행되거나 그 이벤트가 발생하기 전까지는 보여 질 수 없다. 서비스의 무형성에 따른 문제점은 다음과 같다.

① 저장이 불가능하다.

② 특허로 서비스를 보호할 수 없다.

③ 서비스를 쉽게 진열하거나 커뮤니케이션을 할 수 없다.

④ 가격 설정 기준이 모호하다.

⑤ 표본추출이 어렵다.

〈2〉 소멸성

서비스의 두 번째 특징은 소멸성(Perishability)이다. 서비스의 소멸성은 제품과는 달리 향후 수요에 대비해서 저장할 수 없다는 것을 의미한다. 만약 옷이나 약품 같은 소비재나 가전제품이나 가구 같은 내구재 등은 오늘 못 팔더라도 재고품으로 저장되어 미래의 어느 시점에서 판매될 수가 있다. 그러나 오늘 오후 3시에 출발하는 어느 항공사의 비행기가 전체 250석 중에서 오직 100석만 판매하였다고 하면 3시 이후 나머지 150석의 빈 좌석에 대한 매출은 영원히 잃어버리고 마는 것이다.

음악 연주회나 스포츠 이벤트 또한 정해진 장소에서 이루어지는 것이기 때문에 복수의 공연이나 시합이 있지 않는 한 고객들은 관람시간 및 장소에 대해서는 다른 선택을 할 수가 없게 된다. 따라서 빈 좌석이나 공연장이나 운동경기장에서 발생하게 되면 그 서비스가 저장되어 후에 판매될 수 있는 것이 아니기 때문에 그 빈 좌석에 해당하는 매출은 소멸되고 마는 것이다. 따라서 매출을 극대화 시키기 위해서 항공사는 비행기 내의 모든 좌석을 채우고 싶어하며 이는 음악 연주회나 스포츠 이벤트에도 그대로 적용되고 있다. 서비스의 소멸성은 그 반대상황도 발생시킬 수 있다. 즉, 수요가 공급을 초과하게 되는 것이다. 이 경우에는 항공사는 탑승을 원하는 모든 고객들에게 비행기 티켓을 판매할 수 없게 되며, 음악 연주회나 프로야구 월드컵 축구경기 같은 스포츠 이벤트에서도 연주회장이나 운동장의 고객 수용 능력 때문에 매출을 잃어버리게 된다. 서비스의 소멸성에 따른 문제점은 다음과 같다.

① 서비스는 저장되거나 재판매될 수 없다.

② 서비스에 대한 수요와 공급을 맞추기가 상당히 어렵다.

따라서 소멸성의 어려움을 극복하기 위한 마케팅 전략은 다음과 같다.

① 수요와 공급 및 서비스 제공능력에서의 동시조절을 통해서 수요변동을 극복해야 한다.

② 수요 감퇴기에 가격 인하, 촉진 활동 강화 등 수요변동에 대비하여야 한다.

〈3〉 비(非)분리성

서비스의 비분리성(Inseparability)은 서비스의 생산과정에서 소비가 동시에 이루어지는 것을 의미한다. 제품은 먼저 생산되고 그 다음에 판매 될 수 있다. 그러나 서비스는 그럴 수 없다. 따라서 서비스는 서비스 생산 과정에서 서비스 제공자가 존재해야 한다. 병원에 가서 진료를 받는 경우에도 직접 병원으로 방문해서 의사가 제대로 진단하고 처방을 내릴 수 있도록 협조해야 한다. 서비스는 제공되는 순간과 동시에 소비되어져야 하기때문에 서비스의 품질은 서비스 제공자의 능력뿐만 아니라 서비스 제공자 상호 작용의 질에 따라 상당히 달라 질 수가 있다. 따라서 비분리성의 정도가 높은 서비스를 제공하는 기업일수록 인적 요소에 대한 관리가 기업 성공에 절대적이라 할 수 있다. 서비스의 비분리성으로 인한 마케팅상의 문제점은 다음과 같다.

① 서비스 제공자가 반드시 서비스 제공 장소에 있어야 한다.

② 서비스 생산에 있어 고객의 참여가 필수적이다.

③ 간접 판매는 안되고 직접 판매만이 가능하다.

④ 집중화된 대규모 생산이 곤란하다.

이러한 비분리성에 따른 문제점을 해소하기 위해서는 다음과 같은 내용에 주안점을 둔 마케팅 전략 수립이 바람직하다.

① 서비스 제공자의 선발 및 교육에 세심한 배려가 있어야 한다.

② 기계 및 컴퓨터를 이용한 서비스 제공의 자동화를 강화해야 한다.

③ 안락한 대기, 서비스 단계별 정보제공등 세심한 고객 관리가 필요하다.

④ 복수점포 입지(Multiple Site)전략을 사용한다.

〈4〉 가변성

가변성(Variability)은 소비자가 어떤 서비스를 선호해서 그 서비스를 구매할 때 제공되는 서비스의 품질 수준이 항상 일정할 수 없음을 나타내고 있다. 따라서 어느 경우에 고객들은 전혀 원하지 않거나 임의적인 수준의 서비스를 받게 된다. 이와 같은 가변성은 비록 기계의 오작동이나 성능 불량 등으로 인해서 야기될 수도 있지만 주로 인적 요소에 의해서 발생한다고 보아야 할 것이다. 서비스 종사원들은 성격, 능력, 솜씨나 훈련 정도가 다양하기 때문에 동일한 서비스를 차이가 나게 제공하고 있으며 심지어 같은 종사원이 서비스를 제공하더라도 시간에 따라 제공되는 서비스에 차이가 나곤 한다. 예를 들어서 같은 레스토랑에서 같은 음식을 주문하더라도 서비스 종사원이 누구냐에 따라서 고객들이 느끼는 서비스 품질은 달라지게 된다.

가변성에 따른 가장 대표적인 문제점은 제공되는 서비스의 표준화 및 품질에 대한 통제가 곤란하다는 것이다. 따라서 이와 같은 문제점을 극복하기 위해서는 다음과 같은 방안들이 적극적으로 활용되어야 한다.

〈표 5-4〉 서비스의 특성과 문제점 및 마케팅 주안점

제품	서비스	문제점	마케팅 주안점
유형성	무형성	저장이 불가능 특허를 통한 서비스 보호 불가능 진열 및 커뮤니케이션을 할 수 없음 가격 설정 기준이 모호함 표본추출이 곤란	구전 커뮤니케이션 활성화 강력한 기업 이미지 창출 대고객 접촉빈도 제고 제공되는 효익 강조 구매 후에도 커뮤니케이션에 관여
비소멸성	소멸성	저장 및 재판매 불가능 수요 및 공급의 균형 문제	수급 및 제공능력의 동시조절 비수기의 수요변동에 대한 대비
분리성	비분리성	서비스 생산에 고객참여 직접 판매만이 가능 집중화된 대규모 생산 곤란	종사원 선발 및 교육에 비중을 둠 서비스 제공자의 자동화 강화 세심한 고객관리 필요 복수점포 입지전략 사용
동질성	이질성	표준화 및 품질통제 곤란	서비스 표준의 설계 및 수행 사전 패키지 서비스 제공 서비스의 기계화, 산업화 강화 서비스의 맞춤화 시행

제 2 절

고객서비스

1 고객의 개념

고객이란 누구인가? 많은 학자들은 고객을 '변덕스런 아내'라든지 '왕' 또는 '신'이라고도 표현한다. 고객이 있음으로 모든 기업은 이윤과 일자리를 창출하고 종사원에게는 자아실현의 기회를 제공한다. 이런 다양한 이익을 제공 받은 기업과 종사원은 고객에게 서비스를 통해 고객만족을 주게 되며 서비스를 받은 고객은 다시 업체와 종사원에게 이익을 제공하는 역할을 한다.

[그림 5-7] 고객과 종사원의 역할

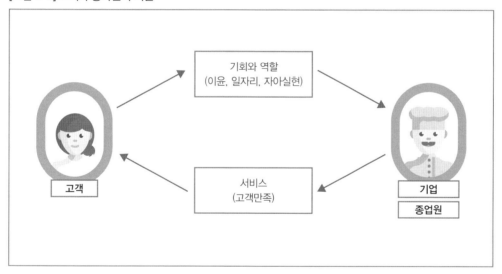

어느 베이커리업체의 빵이 아무리 맛있다고 하더라도 고객이 그 업체를 찾아주지 않으면 그 기업은 존재 의미가 없다. 다시 말해 고객이 존재하지 않는다면 업체의 존재가치는 의미를 상실하게 되는 것이다.

종사원들에게 있어서 진정한 일. 바로 서비스는 고객에게 맛있는 제품을 만들어 제공하고, 인사를 하고, 주문을 받는 일들만이 아닌 고객을 배려하는 마음으로 봉사하는 것이다. 고객에게 봉사하는 일련의 행위는 기업 운영에 있어 방해물이 아니라 '사업' 그 차체인 것이다.

그렇기 때문에 업체를 찾은 고객을 인격적으로 인식하고 업체에서 고객이 인간으로서 추구하는 기본적인 욕구를 충족시켜 주어야 한다는 마음가짐이 서비스의 기본이 되어야 한다. 고객서비스는 고객 중심의 사고와 고객의 가치를 고객의 입장에서 이해할 때 시작되는 것이다.

2 고객만족 서비스

기업경영의 핵심은 고객만족(CS : Customer Satisfaction)이다. 기업의 매출은 신규고객과 기존고객의 재구매에서 일어나게 된다. 새로운 고객을 창출하는 것은 기존의 고객을 유지하는 것보다 많은 노력과 비용이 든다. 따라서 모든 기업은 기존고객의 유지에 노력을 기울여야 할 것이다. 제대로 운영된 서비스 조직은 제조업자 총수입의 약 30%에 상당하는 기여를 할 수 있다. 이는 고객만족을 통해서 만들어 낼 수 있다.

고객만족은 고객의 기대가치에 따라 차이가 나타난다. 고객이 업체의 제품이나 서비스를 사용 후 느끼는 가치보다 고객의 기대가 커질 경우엔 고객은 불만을 느끼게 되어 고객 이탈을 초래한다. 이는 업체와 종사원의 기회와 역할의 상실을 의미한다. 고객이 사용 후 느끼는 가치와 기대가 같은 경우엔 처음엔 고객만족이 일어나지만 경쟁자가 생길 경우엔 고객 이탈의 가능성이 있다.

사용 후 느끼는 가치가 사용 전 기대보다 클 경우 고객 감동이 생기며 이는 고객 충성도를 발휘하게 되며 업체와 종사원의 기회와 역할을 확보하게 된다. 만족은 이렇게 정해진 주관적인 기대수준에 의해 좌우되므로 객관적으로 높거나 낮은 품질로도 개인의 기대에 따라 만족을 얻거나 그렇지 못하는 경우가 종종 생긴다.

[그림 5-8] 고객만족의 개념

기대 〉 사용후 느끼는 가치 → **만족** → 고객이탈(기회와 역할 상실)	
기대 = 사용후 느끼는 가치 → **불만** → 경쟁자가 생기면 바로 이탈	
기대 〈 사용후 느끼는 가치 → **매우만족** → 충성도 발휘(기회와 역할 확보)	

고객 만족은 고객의 욕구와 기대에 최대한 가까워진 결과 제품과 서비스의 재구매가 이루어지고 더불어 고객의 신뢰감이 연속되는 상태를 의미하기도 한다.

판단에는 주관적 판단과 객관적 판단 두 가지가 있다. 자신의 서비스를 자신이 어떻다고 판단하는 것은 주관적인 판단이다. 객관적인 판단은 고객이 판단하는 것이다. 따라서 고객만족 서비스는 고객의 입장에서 고객에게 즐겁고 쾌적함을 제공할 수 있는 근원을 창출해내려는 노력과 정성이 있어야 하며 진정한 고객만족은 일정한 형식보다는 마음속에서 우러나는 서비스를 제공함으로써 일어나게 되는 것이다.

고객만족 서비스는 머리로 생각하고 행동하는데 그치는 것이 아니라 진정한 마음과 자연스러운 모습으로 고객을 배려하고 정성을 다하는 마음에 있는 것이다.

진정한 서비스 맨 이라면 누구든지 진심에서 우러나는 마음가짐으로 서비스해야 하며 이것이 고객을 만족시키고 감동시키는 방법이다. 이러한 마음가짐은 고객에게 만족을 주는 것에서 더 나아가서는 자기 자신의 인성을 계발하는 것이다.

고객만족을 위한 10가지 서비스 법칙을 기억하자.

〈표 5-5〉 고객만족을 위한 서비스법칙 10

서비스 법칙 **01**	**고객의 이름을 불러주어라.** - 사람은 자신의 존재를 인정받았을 때 감동한다.
서비스 법칙 **02**	**호감 가는 첫인상을 만들어라.** - 한번 생긴 첫인상은 어지간한 노력 없이는 바뀌지 않는다.

서비스 법칙 03	**고객의 기대가치를 충족시켜라.** – 그들의 불평 없이 욕구를 충족시켜 주어라.
서비스 법칙 04	**고객의 수고를 덜어 준다.** – 가능한 그들이 쉽고 용이하게 해준다. 대리주차(Valet Parking) 서비스나 포장 서비스. 배달 서비스 등 그들의 수고를 덜어줄 수 있는 서비스를 한다.
서비스 법칙 05	**고객의 의사결정을 쉽게 해준다.** – 고객들에 따라서는 도움을 바라거나 요청하는 고객들이 있다. 그들이 요구하기 전에 미리 도움을 준다.
서비스 법칙 06	**고객의 의견에 초점을 맞춘다.** – 객관적인 판단을 하는 것은 종사원이 아니라 고객이다. – 고객의 의견에 주의를 기울여야 한다.
서비스 법칙 07	**고객의 시간 한계를 위반하지 마라.** – 기다리는 고객은 실제 시간보다 길게 느낀다.
서비스 법칙 08	**고객이 회상하고 싶어 하는 추억을 만들어 준다.** – 추억을 만들어 주면 고객은 추억을 느끼고 싶어 다시 찾아온다. 그들이 단골고객이 될 수 있다. – 고객이 즐겁고 기억하고 싶은 장소가 될 수 있도록 만들어 준다.
서비스 법칙 09	**고객들은 기분 나쁜 경험을 더 오래 기억한다.** – 사람은 좋았던 기억보다는 나빴던 기억을 더 잘 기억한다. 기분 나쁜 경험을 하게 하지 말아야 한다.
서비스 법칙 10	**고객이 빚지고 있다고 생각하게 하라.** – 모든 서비스가 끝나면 서비스를 해 준 종사원에게 고객이 빚진 것 같은 기분이 들 정도의 정성 어린 서비스를 해야 한다. – 이밖에도 고객만족을 위해 종사원이 지녀야 하는 자질로는 서비스를 기복 없이 실천하는 자세이다. 상대방에 의해서 개인의 자존감이 같이 떨어지지 않도록 노력한다.

※ 10−1 = 0 법칙 : 일반적인 수학논리 개념에서 10개 중 1개를 틀리면 9개의 가치를 인정 받지만 서비스의 경우 10가지 중에 9개를 잘하고 1가지를 잘못하면 고객은 9의 가치를 느끼는 것이 아니라 0의 가치를 인식한다

3 접객서비스의 순서

접객서비스라는 의미는 접객 종사원이 고객을 응대할 때의 자세나 태도를 말한다. 자세나 태도에 더해서 어떠한 마음과 정신으로 고객에게 친절과 정성을 표현하는가 하는 것을 서비스라고 한다.

1) 환영의 인사

환영의 인사는 고객 응대의 시작이다. 고객이 처음 매장을 방문했을 때 종사원들의 응대는 첫인상을 결정짓는 중요한 순간이다. 자신이 최고의 환대를 받고 있다고 느끼도록 밝은 표정과 자세로 공손하고 친절하게 밝은 목소리로 인사해야 한다.

2) 환송의 인사

계산까지 착오 없도록 확인 절차를 거친 후 고객을 환송한다. 환영의 인사가 업체의 첫인상이었다면 환송의 인사는 업체의 인상을 강하게 심어줄 수 있는 마지막 기회이므로 정중하고 따뜻하게 배웅한다. 고객 응대의 마무리 절차이다.

4 고객서비스 예절

고객은 한 베이커리업체에서 일하는 종사원 개개인 모두를 대해본 후 업체의 이미지를 결정짓지 않는다. 종사원 단 한 사람만 보고도 그 업체의 이미지를 결정지을 수 있다. 즉 고객의 입장에서는 종사원 개개인이 업체 그 자체의 이미지인 것이다. 자신이 업체를 대표하는 중요한 위치에 있음을 인지하고 근무하여야 한다.

〈1〉 서비스마인드(Service Mind)

빵과 과자를 만드는데있어 가장 기본은 고객을 생각하는 마음가짐이다. 모든 일에 정성스러운 마음을 가져야 한다. 모든 일에 최선을 다하고 고객 입장에서 생각하고 정성스러운 마음을 갖는다.

〈2〉 단정한 용모와 복장

단정한 용모와 복장은 제품을 생산하는 종사원들이 위생관념을 철저하게 준수해야 하는 직업인으로서 반드시 지켜야 하며 고객에 대한 예의인 동시에 고객이 업체를 판단하는 가장 외적인 기준이 될 수 있으며 동시에 첫인상이 될 수 있다.

〈3〉 자세와 인사

표정을 통해서 상대방의 심리를 파악할 수 있듯이 자세로도 그 사람의 인품을 판단할 수 있다. 바른 자세를 유지하면 상대방에겐 신뢰감을 줄 수 있고 스스로에겐 긴장감을 줄 수 있다.

1) 차렷 자세

차렷 자세를 취하는 경우는 공식적인 행사장소나 연령, 직급 차이가 많이 나는 상사를 대할 때 취하면 되겠다.

바른 차렷 자세를 위해 반드시 지킬 사항들이다.

- 시선은 정면을 바라본다. 상대방의 미간을 바라보는 것이 좋다.
- 머리는 좌우 기울어짐 없이 정 중앙에 놓는다.
- 턱은 몸 쪽으로 당긴다. 이때, 너무 들면 거만해 보이고 너무 당기면 눈을 치켜뜨게 된다. 턱선과 바닥선이 수평을 이루도록 한다.
- 양쪽어깨는 수평을 유지한다. 습관적으로 한쪽 어깨로만 물건을 들면 어깨가 기울어지기 쉽다
- 가슴은 최대한 활짝 편다. 그러면 폐활량도 커지고 상대방에게 자신감도 있고 당당하게 보인다.
- 배는 힘을 주어 안으로 밀어 넣는다.
- 힙은 위로 끌어 당겨지는 느낌으로 위쪽으로 쭉 당겨서 선다.
- 무릎과 발뒤꿈치는 붙여주되, 발 앞부분은 'V'자 모양으로 선다.

- 손모양은 남자의 경우엔 계란을 가볍게 쥔 모양으로 주먹을 쥐고 정면에서 보았을 때 손등이나 손바닥이 보이지 않도록 엄지손가락을 바지 제봉 선에 붙여 준다.

- 여자는 손바닥이 위로 향하게 펴고 물방울이 있는 느낌으로 물방울이 떨어지지 않도록 모아준다. 이 상태에서 스커트 측면에 붙여준다.

- 몸의 무게중심은 엄지발가락에 넣어주면 바른 자세가 된다.

2) 대기 자세

대기 자세는 고객과 장시간 대화할 때나 상사의 지시 또는 결제를 받을 경우, 안내나 프레젠테이션을 할 경우 취한다. 특별한 경우를 제외하고, 대기 자세를 습관화하면 단정하고, 예의 바르게 보일 뿐 아니라 크게 피곤하지도 않다.

- 차렷 자세에서 손을 공수한다. 공수할 때는 여자는 오른손을 위로 남자는 왼손을 위로 오게 잡아준다.

- 공수한 상태에서 남자의 경우 다리는 허리 넓이만큼 벌리고 발끝이 정면을 향하도록 선다.

- 여자의 경우엔 두 발 중 편한 발을 뒤로 보내고, 보내지 않은 발의 뒷꿈치와 보낸 발의 중간이 닿아서 영어 소문자'y'자 모양을 만든다.

3) 바르게 걷는 자세

- 내 앞에 선이 있다고 생각하고, 왼발을 뗐을 때는 왼발의 안쪽부분이 선을 물고, 오른발을 뗐을 때는 오른발 안쪽 부분이 선을 물도록 걷는다.

- 남자는 발을 차듯이 성큼성큼, 여자는 무릎이 스치게 걷는다.

- 팔은. 앞, 뒤로 가볍게 흔들어 준다.

4) 방향 지시

방향을 지시할 때는 몸을 사용해야 한다. 손가락으로 가리킨다거나 턱이나 고개 짓하게 하는 것은 불쾌감을 줄 수 있으므로 유의해야 한다.

손가락을 모으고 손바닥 전체를 펴서 방향을 가리킨다.

손등이 보이거나 손목이 굽지 않도록 한다.

팔꿈치의 각도로 거리감을 나타낸다.

방향지시는 3단계로 이루어진다.

손동작 – 상대방의 Eye Contact – 손동작
우측을 가리킬 경우는 오른손, 좌측을 가리킬 경우는 왼손을 사용한다. 그리고 사람을 가리킬 경우엔 두 손을 사용해야 한다. 뒤쪽에 있는 방향을 지시할 때는 몸의 방향을 뒤로한다.

5) 물건 수수

훌륭한 시설의 백화점에서 멋진 종사원들이 판매하는 값비싼 물건을 사고 계산을 할 때 점원이 거스름돈이나 카드를 그냥 "감사합니다" 하면서 그냥 놓고 다른 손님 응대에 바쁜 듯 돌아섰다면 기분이 씁쓸할 것이다. 물건의 수수는 마음을 주고 받는 것이다.

물건을 건넬 때는 말과 함께 물건 건네주는 위치는 가슴부터 허리 사이가 되도록 한다. 너무 아래에서 전달하면 하찮은 물건으로 생각되기 쉽기 때문이다. 반드시 양손을 사용하며 작은 물건일 경우엔 한 손을 밑에 바친다.

멀리 있는 경우는 두 손의 느낌이 들도록 한쪽 손을 받쳐주고 받을경우 응답과 함께 상대방과 아이컨텍(Eye Contact)한다.

6) 안내시 유의점

타인을 안내할 때는 안내를 받는 타인이 불안하지 않도록 타인을 배려하면서 상대방의 입장에서 안내한다. 안내하는 요령은 다음과 같다.

- 상대방보다 한 두 걸음 앞서간다.
- 몸을 비스듬히 하여 상대방이 따라오는지 확인하면서 걷는다.
- 코너에서 "이쪽입니다."로 방향전환을 알려준다.
- 계단은 남성이 먼저 오르고 여성이 먼저 내려온다.

7) 인사

인사는 감사의 마음, 반가운 마음, 죄송한 마음을 표현할 수 있기 때문에 하루에도 수많은 인사를 하게 될 것이다. 인사는 '안녕하십니까!'로 시작해서 '안녕히 가십시오.'로 끝나는 것이 보통이다.

이와 같이 인사는 고객 응대의 시작과 마무리라고 말할 수 있겠다.

고객에게 인사 잘하고 시작하면 고객의 마음을 사로잡을 수 있다.

또, 다소의 실수도 용납될 수 있으며 다음 단계의 응대가 매끄러워질 수 있다. 인사만 잘해도 친절하다는 말을 듣는다. 인사만 잘해도 만사가 해결된다.

① 인사법

- 남녀 모두 차렷 자세가 기본이며 손 모양은 여성은 공수, 남성은 재봉선에 붙인다.
- 발: 발뒤꿈치 붙여서 V자 모양을 만든다.
- 시선은 상대방의 눈을 본다. 표정은 스마일을 유지한다.
- 허리를 굽힌다. 머리만 숙여 인사하는 것이 아니라 허리부터 숙인다. 배를 끌어당기며 머리, 등, 허리가 일직선이 되도록 만든다.

・굽힐 때 보다 천천히 상체를 올린다.
상체를 들어 올리고, 똑바로 선 후 다시 상대방과 아이컨텍(Eye Contact)한다.

・**STOP 동작**
허리 숙여 인사 한 후 바로 올라오는 것보다 숙인 상태에서 잠시 멈춘다(STOP)음 동작을 취하는 것이 더욱 정중해 보인다.

② 체크 포인트(Check Point)

・인사를 하기 전 Eye Contact은 하는가?

・머리, 등, 허리는 일직선이 되는가?

・너무 빨리 일어나지 않는가?

・바로 선 후 Eye Contact을 하는가?

③ 인사말 시점

인사말은 상대방이 잘 들을 수 있을 정도의 크기로 인사해야하며 상황에 따라 시점이 달라질 수 있어야 한다. 상대방의 입장에서 어느 시점에 인사말을 건네는 것이 좋은지 세 가지 경우를 생각해 보자.

인사말과 인사가 동시에 이루어 질 때
인사말이 바닥으로 흩어져서 상대방에게 명료하게 전달되지 않는다.

인사 후 인사말을 할 때
전통 예절에는 맞더라도 바쁜 현실에서는 적합하지 않다. 급한 사람은 인사가 끝나기도 전에 가버릴 것이다.

인사말을 먼저하고 인사를 할 때
인사말로 먼저 상대방의 시선을 끈 후 인사말이 끝나는 시점,
즉 '-니까?' 에서 허리부터 굽혀서 인사한다.

④ 잘못된 인사

눈을 보지 않는 인사 – 항상 눈을 맞추고 인사한다.

말로만 하는 인사 – 인사는 말로만 하는 것이 아니라 허리 숙여 인사한다.

무표정한 인사 – 표정은 항상 부드러운 미소를 유지한다.

망설임이 느껴지는 인사 – 주저함 없이 적극적으로 한다.

고개만 까닥하는 인사 – 허리를 숙여 친근한 인사말을 덧붙여 인사한다.

• **머리를 흔드는 인사** – 인사 후 고개를 들 때 머리를 흔들지 않는다.

〈표 5-6〉 인사의 종류

구분	인사 각도	상황
목례	15도	상체를 15도 정도 굽혀 잠깐 멈추었다가 원래대로 바로 선다. 가볍게 머리 숙여 인사. 좁은 장소에서 인사(통로, 실내) 인사 했던 상대방을 다시 만난 경우
보통례	30도	상체를 30도 숙여 인사 가장 일반적인 인사, 실제 생활에서 가장 자연스럽게 보임 접객, 환영, 전송의 인사
정중례	45도	상체를 45도 정도 깊게 숙여 정중함 표현 깊은 감사나 사과를 할 때, 아쉬운 배웅을 할 때 중요한 손님에게 의식 할 때

⑤ 5대 고객 접객 용어

환영하는 마음	" 안녕하십니까? 어서 오십시오 "
다가가는 마음	" 무엇을 도와 드릴까요? "
사과하는 마음	" 죄송합니다. "
감사하는 마음	" 감사합니다. "
따뜻이 배웅하는 마음	" 안녕히 가십시오. "

4) 대화예절

말을 할 때는 다음의 유의점들이 있다.

고객이 느껴지는 친절한 목소리로 말한다.
표정을 밝게 하면 밝은 목소리를 연출할 수 있다.

신뢰감이 느껴지는 목소리로 말한다.
콧소리나 애기 목소리에서는 신뢰감이 느껴지지 않는다.
깊이 있는 신뢰감을 주기위해 복성을 연출한다.

정확한 발음으로 말한다.
입을 크게 벌려서 발음을 정확하게 한다.

말의 속도에 유의한다.
듣고 말할 때 가장 좋은 속도는 1분에 360 자 정도이다.

5) 좋은 대화의 포인트

경어 및 존대법	존대어와 겸양어를 상황에 맞춰서 바르게 사용한다.
정중함을 표현하기 위해서는 완전한 문장으로 말한다.	① "～요"로 어미를 끝내는 것보다 "～습니다."로 끝맺음 하는 것이 더욱 공손하고 정중한 느낌을 준다. ② "잠깐만요", "네?"라는 등의 표현은 그런 말을 쓰는 상황에 관련된 여러 가지 의미를 생략한 표현들이다. 경우에 따라서 몹시 무례하고 불쾌하게 느껴질 가능성이 많은 부실한 표현들이다. ③ "잠깐만요"보다는 "잠시만 기다려 주시겠습니까?"가 한결 부드럽고 정중한 양해의 뜻을 포함하고 있다. ④ "네"하며 따지는 듯한 말보다는 "죄송합니다만, 다시 한 번 말씀해 주시겠습니까?" 로 완전한 표현을 하면 정중한 느낌을 준다.
존중의 표현을 한다.	"～해 주시겠습니까?" 혹은 "～하시겠습니까?"등의 존중의 표현을 쓴다
QUICK RESPONSE	① "예"라는 대답을 신속히 한다. ② 상대방의 질문이나 요구에 빨리 반응하고 있는지 체크 한다.
신뢰도	많은 업무지식, 대화 주제에 대한 지식 등의 정확한 정보가 제공되고 있는지 확인해서 말한다.
감정전달	고객의 마음을 헤아려 주고 배려하는 표현이 있어야 한다.
CUSHION 화법	① 말을 부드럽게 만드는 화법이다. ② 고객에게 의뢰할 때나 고객의 뜻에 반할 경우 앞에 덧붙인다. 　예) 실례합니다만～, 죄송합니다만～등의 표현을 앞에 덧붙임으로써 표현을 좀 더 부드럽게 만들어준다.
BUT화법	① 부정문을 긍정문으로 만든다. ② "할 수 없습니다." 의 부정문 보다는 "죄송합니다만, ～하기가 어렵습니다."와 같이 부정문으로 끝나는 말을 고객이 듣기 좋게 긍정문으로 표현해 준다. 　예) 불가능합니다만, 이나 안 되지만 한번 알아보겠습니다. 　　"안됩니다만, 알아보겠습니다."
명령문을 의뢰문 표현으로 바꾸어준다.	예) "～하여 주십시오" 혹은 "～하십시오."보다는 해주시겠습니까? 와 같이 의뢰문 형식으로 바꾸어주어 부드럽게 표현한다.
적절한 제스처의 사용	적절한 제스처는 메시지 전달을 보다 효과적으로 만들 수 있다. 올바른 제스처 라인은 어깨에서부터 허리사이이다. 제스처는 적절히 사용해야 우아하고 지적으로 보일 수 있으며 고객에게 대화 내용을 더욱 효과적으로 전달할 수 있다.

6) 전화응대

① 전화응대의 특성

무형성	전화는 보이지 않는다. 이는 유형의 매너와는 다른 감각을 필요 한다. 더욱 정성과 예의를 갖추어야 한다.
동시성	송신자에 의해 생산됨과 동시에 수신자에 의해 소비되는 성격을 가진다. 즉, 재고가 없고 불량메뉴가 나와도 반품될 수 없다. 불량 제품은 다른 제품으로 대체가 가능하지만 불량 전화는 상대방을 떠나게 만든다.
인간주체	사람에 의존하여 완성된다.

② 전화거는 요령

T. P. O 를 고려할 것	Time(시간), Place(장소), Occasion(상황)을 고려하여 전화를 걸어도 좋을지를 생각한다.
용건을 구상할 것	수화기를 들기 전에 용건을 구상하되 5W1H(What, When, Where, Who, Why, How)를 염두에 둔다
상대방의 전화번호를 확인할 것	전화번호, 상대방의 이름 등을 다시 한 번 확인한다.
소속과 이름을 댈 것	상대방이 나오면 먼저 자기의 신분을 밝힌다.
곧 본론을 말 할 것	간단한 인사가 끝나면 곧 전화를 건 목적을 말하고 본론으로 들어가야 한다.
용건은 간결하고 요령 있게	구상한 용건을 5W 1H에 의거 간결, 명확하게 전달한다.
복잡한 용건은 재확인할 것	용건이 복잡할 때에는 요점을 재확인시킨다.
도중에 끊기면 다시 걸 것	통화 중에 전화가 끊기면 곧 다시 걸어 상대방으로 하여금 기다리지 않게 한다.
끝맺음 인사를 한다	'잘 부탁합니다', '안녕히 계십시오' 등 정중한 인사를 하고 끝낸다. 수화기는 상대방이 내려놓은 다음에 놓는다.

③ 전화 받는 요령

벨이 울리면 곧 수화기를 든다.

– 벨이 울리면 누구든지 가까운 곳에 위치한 사람이 곧 수화기를 든다.

한 손에는 수화기, 다른 손에는 필기구를 준비한다.

– 왼손으로 수화기를 들면서 다른 손으로는 메모할 준비를 한다.

자기의 소속과 성명을 밝힐 것. 먼저 자기의 신분을 밝힌다.

잘못 걸린 전화도 정중히 응대할 것.

용건을 잘 들을 것

– 전화 통화에 있어서도 대화와 마찬가지로 잘 듣는 것이 중요하다.

전화를 이리저리 돌리지 말 것

– 자기와 직접적인 관계가 없는 전화라 하여 이 사람 저 사람에게 전화를 돌리는 일이 없도록 한다.

응답은 책임 있게 할 것

– 기껏 말을 다하고나서 '아마 그럴 겁니다'식으로 책임을 회피해서는 안된다.

받은 전화 내용을 재확인할 것

– 요점을 복창할 것이며 특히 다른 사람에게 전화 내용을 전달해야 할 끝맺음의 인사를 할 것 '대단히 감사합니다' 등의 정중한 인사를 잊지 않는다.

수화기는 상대방 보다 늦게, 조용히 내려놓을 것

– 전화를 끊을 때 특히 조심해야 한다. 마지막까지 정중하도록 신경 쓴다.

④ 상황별 응대

연결하는 경우
- "전화 바꿔드리겠습니다. 잠시만 기다려 주시겠습니까?"

연결 전화를 받은 경우
- "전화 바꿨습니다. OOO입니다."

전화를 늦게 받은 경우: 벨소리 4번 울린 이후
- "늦게 받아 죄송합니다. OOO입니다."

전화가 잘 들리지 않을 때
- 전화 상태가 좋지 않음을 알리고 상대의 전화번호를 물어 다시 전화를 걸어준다.
  "죄송합니다. 전화가 잘 들리지 않습니다. 연락처를 알려주시면 전화드리겠습니다."

침묵 전화
- 상대방이 10초 이내에 답하지 않으면 "죄송합니다. 전화가 들리지 않습니다. 다시 부탁드립니다. 먼저 끊고 기다리겠습니다."

잠시 통화를 중단 할 때
- "죄송합니다. 잠시만 기다려 주시겠습니까?, 기다리시게 해서 죄송합니다."

통화 도중 고객 방문 시
- 선객(先客) 원칙이나 통화가 길어지면 통화 중 상대방에게 이쪽의 상황을 알리고 간결한 통화의 양해를 구한다.

제5장
베이커리창업

제1절
창업의 이해

1 창업의 3요소

창업이란 창업자가 사업기회를 포착하고 경영자원을 투입해서 고객이 원하는 상품·서비스를 제공하는 기업을 설립하는 것이다. 이처럼 창업이 성립되기 위해서는 창업의 3대 구성요소라고 부르는 창업자, 사업 아이템, 경영자원이 있어야 한다. 이중 어느 하나라도 부실하면 아무리 훌륭한 사업구상도 성과를 거둘 수 없게된다.

〈1〉 창업자

창업은 기본적으로 불확실성과 위험이 따르는 어려운 일이다. 창업자는 사업 주체로서 모든 창업 과정과 운영결과에 대한 전반적인 책임과 위험을 감수하며, 가치 있는 새로운 것을 창조하는 사람이다. 창업자는 첫째로 개인의 경험을 기초로 확립된 자신감, 둘째로 결단력, 셋째로 필요한 환경을 조성할 수 있는 능력, 그리고 넷째로 위험을 감수하고 스트레스를 견디는 능력을 발전시켜 감으로써 성공적인 기업경영의 틀을 세우게 된다.

1) 창업자의 마음 자세

창업자의 정신과 자세는 기업의 성과에 많은 영향을 미친다. 창업자가 어떠한 가치관을 가지고 있는지, 어떤 특성과 능력을 가지고 있는지에 따라 창업의 성·패가 결정된다고 해도 과언이 아니다. 창업자는 강인하고 도전적인 자세, 실제적인 행동가로서 결과를 중시하는 자세, 현실 유지보다는 능동적으로 변화를 창조하는 진취적 자세를 갖추어야 한다.

2) 창업자에게 요구되는 능력

1980년대 초반 미국에서는 "창업자(Entrepreneur)"라는 말이 크게 유행하면서 "당신은 창업자가 될 자질이 있는가?"라는 제목으로 창업자의 적성을 진단하는 테스트가 신문이나 잡지에 범람했다고 한다. 이와 같은 자기진단테스트는 창업자가 다른 사람들과 다른 특성을 가지고 있다는 전제를 두고 있었다. 하지만 조사를 거듭한 결과 창업자에게 일반인과 다른 행동과학적인 차별점이 존재하지 않는다는 결론에 도달하게 되었다는 것이다. 이는 누구든지 목표를 정하고 최선을 다해 노력하게 되면 성공적인 창업자가 될 수 있다는 것이다. 다음은 지금까지 밝혀진 성공적인 창업자들에게서 발견된 능력들이다.

① 결단력

창업자는 자기에게 사업기회가 왔을 때 주저하지 않고 결단을 내리는 경향이 있다. 그리고 한번 결심을 하면 신속하게 행동에 옮긴다. 그러나 시작한 사업이 자신이 감당할 수 없다거나 가망이 없다고 생각될 때에는 다른 사람들보다 빠르게 포기한다.

② 인내력

성공적인 창업자는 원칙에 충실하고 끈기 있게 문제를 해결해 나가는 강한 인내력을 가지고 있다. 사업의 세계에서도 80대 20의 원칙이 적용된다. 80%의 사람들이 포기한 경우에도 20%의 사람들은 끝까지 살아남아 성공을 쟁취하는 것이다. 대부분의 창업자들은 자신이 하고있는 일에 강한 애정을 가지고 있다. 좋아서 하는 일이기 때문에 어려운 상황이 닥쳐오더라고 역경을 넘어서는 인내력을 보이는 것이다.

③ 지도력

창업자는 다른 사람들의 열정을 불러일으키는 사람이다. 자신의 사업에 돈을 투자하게 하거나 판매하는 메뉴를 구매하도록 설득할 줄 한다. 다른 사람들이 하는 것을 가만히 지켜보고 있지 않고, 앞장서서 새로운 기회를 창출해 내는 것이다.

④ 기회 포착력

창업자는 사업의 기회를 포착하고 그것을 실현해내는 사람이다. 기회는 모든 사람에게 공평하게 오지만 그것을 활용할 수 있는 사람은 기회가 왔다는 것을 인식하는 사람이다.

⑤ 집중력

창업자는 자신이 하고 있는 사업에 깊이 몰입하는 경향이 있다. 다른 사람을 지배하거나 관리하려는 욕구보다는 성취감과 경쟁에서의 우위를 추구한다. 사업에서의 성공을 위해 많은 것을 포기할 줄 안다. 어떤 것도 일을 하려는 의지를 이겨낼 수는 없다.

⑥ 학습 능력

성공적인 창업자는 학습 능력이 매우 높다. 자기사업에 관한 한 최고의 전문가라고 할 수 있는 사람들이다. 사업의 아주 세밀한 부분에 이르기까지 깊이 이해하고 있다. 이와 같은 학습 능력을 바탕으로 새로운 변화에 신속하게 대처해 나간다.

⑦ 추진력

성공적인 창업자는 강한 추진력을 가지고 있다. 다른 사람에게 일을 맡기기보다는 직접 뛰어들어 성과를 올리기를 좋아한다. 창업자는 자신의 사업이 앞으로 어떤 방향으로 갈 것에 대한 예측을 하고 있다. 그 목표에 빠르게 도달하기 위해서 자신이 동원할 수 있는 모든 역량을 한 곳으로 모아 밀고 나가는 것이다.

〈2〉 사업 아이템

판매할 상품과 서비스를 선택하는 업종 및 사업아이템 선정은 창업 절차 중 최우선적인 과제로서 사업의 성공 여부를 좌우하는 중요한 요소이다. 창업아이디어는 기존 제품이나 서비스를 탐색하고, 다른 기업이나 외국의 사례를 연구·응용하여 얻어질 수 있다. 이 때 무엇보다 중요한 것은 창업자 자신의 경험·지식·기술과 능력을 고려하여 가장 경쟁력이 있을 것으로 판단되는 업종 및 사업아이템을 선정하는 것이다. 현재의 유행과 추세에 치우치지 말고, 아직까지 충족되지 않은 고객 욕구가 무엇인지 파악하여 새로운 사업기회를 발견하는 것이 경쟁력을 확보하는 성공의 지름길이다.

〈3〉 창업 자원

가장 중요한 창업 자원은 자금이다. 사업구상과 실행의 기초가 자본이기 때문이다. 사업은 욕심만으로 되는 것이 아니다. 미리 예측하고 대비할 수 있다면 위험도는 낮아지겠지만 창업이란 불확실성 요인이 많고, 창업 소요기간의 연장에 따른 가산분이 있어서 정확한 소요 자금을 산출하기가 어렵다. 자기자본의 비율을 높이고, 고정 지출비용을 줄이며, 냉철한 현실 파악으로, 기업의 정체성을 유지하면서 창업자금지원제도 활용 등 자금 운용 규모의 확대 방안과 자금조달 방안을 모색함으로써 창업 후 예상수익 달성 시 까지 발생될 부족 자금을 사전에 예방해야 한다.

둘째, 사업 구성요소의 출발점은 인적자원이다. 사업 발전단계에 적합한 인재확보야말로 창업 성공의 결정적 요인이다. 비전과 사명을 공유하고 필요한 기술을 갖춘 사람들을 창업 멤버로 확보할 수 있다면 서비스, 맛, 품질, 분위기 등에서 차별화된 경쟁전략을 구사하여 어떠한 난관도 극복할 수 있게 된다. 성공 경험의 노하우(know-how)야 말로 창업된 기업이 우수한 기업으로 발전할 수 있도록 하는 원동력이다.

2 창업 유형

창업에는 신설 창업, 기업 인수, 프랜차이즈 가입 등의 방법이 있다.

〈1〉 신설 창업

신설 창업은 기업가가 새로운 기업을 설립하는 것이다. 제품과 서비스, 입지, 설비 등에 관한 의사결정이 자유롭고 기존 기업에 비해서 설립 절차나 법률 조항의 제약에서도 자유로운 것이 장점이다. 그러나 신설 창업의 경우, 자금을 조달하거나 신용을 확보하기가 어렵다. 경영 경험이 없는 기업가라면 창업 초기에 조직 구조를 설계하는 데서 곤란을 겪을 수도 있고, 새로운 사업 아이디어에 대한 확신이 부족할 수도 있다. 또 경쟁업체들이 이미 유리한 지위를 확보하고 있는 상태라면 시장진입장벽이 높아서 어려움을 겪기 쉽다. 신설창업은 단골고객과 유능한 인재를 확보하는 데에도 불리한 입장이다.

〈2〉 기업 인수

기존 기업을 인수하여 경영활동을 시작하는 것으로 인수 대상 기업에 대한 철저한 분석과 함께 세심한 주의를 기울여 기업을 잘 인수하면 상당한 혜택을 얻을 수 있다. 그러나 기존에 형성된 기업이미지와 평판이 나쁘거나, 종사원 수준이 낮거나, 설비가 낡았거나, 불필요한 재고가 많을 수 있으므로 기존 기업을 인수할 때는 경영 상태를 세밀하게 평가한 다음 이를 동종 업종 내 경쟁업체와 비교하여 신설 창업보다 더 유리한지를 분석해야 한다.

〈3〉 프랜차이즈

프랜차이즈는 본사와 가맹점이 계약을 맺고 본사가 다양한 형태의 로열티를 받는 대가로 가맹점에게 본사의 자산인 상표 이미지, 기업 인지도, 정책 자문, 가맹점 창설 및 관리 기법, 전문성과 경험 등을 활용할 수 있는 것을 말한다. 따라서 사업 시작에 따르는 위험과 부담을 줄일 수 있는 장점이 있지만, 본사 시스템이 취약한 경우, 운영 지원이 원활하지 못하며 이익이 기대에 못 미칠 경우, 사업 유지나 개선, 발전에 어려움을 겪을 수 있다.

제2절

창업 과정

보통 창업 절차는 창업 준비, 업종선정, 사업계획 수립, 입지선정, 자금 마련, 개업 준비, 오픈 등 크게 7단계로 나눠볼 수 있다.

[그림 5-9] 창업 과정

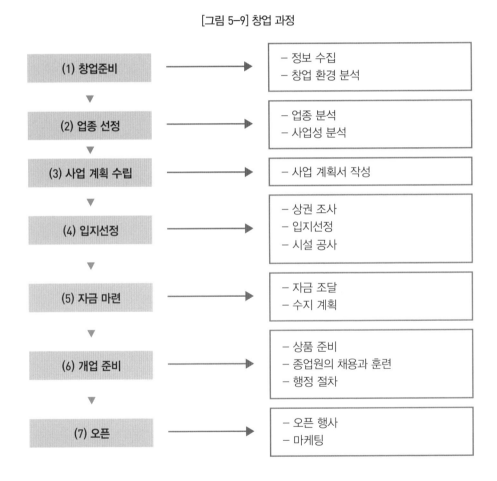

(1) 창업준비 → – 정보 수집 / – 창업 환경 분석

(2) 업종 선정 → – 업종 분석 / – 사업성 분석

(3) 사업 계획 수립 → – 사업 계획서 작성

(4) 입지선정 → – 상권 조사 / – 입지선정 / – 시설 공사

(5) 자금 마련 → – 자금 조달 / – 수지 계획

(6) 개업 준비 → – 상품 준비 / – 종업원의 채용과 훈련 / – 행정 절차

(7) 오픈 → – 오픈 행사 / – 마케팅

⟨1⟩ 창업 준비 : 정보 수집 · 창업 환경 분석

창업을 결심했다면 첫 번째로 해야 할 일은 경영이념을 설정하는 것이다. 무엇 때문에 사업을 시작하려고 하는지와 어떻게 사회에 기여할 것인지를 검토함으로써 보다

의미 있는 출발점으로 삼는 것이다. 그런 다음에는 창업환경에 대한 이해가 필요하다. 이를 위해서는 외부적으로 어떤 기회 요소와 위협요소가 있는지를 살펴보는 외부 환경 분석과 창업자 자신의 장점과 약점을 검토해보는 내부 환경 분석을 해야 한다.

〈2〉 업종선정 : 업종조사 · 아이템선정 · 사업성분석

사업 타당성 분석은 기본적으로 계획제품이 언제 얼마나 팔릴 것인가를 파악하는 시장성 분석, 계획제품이 기술적으로 생산 가능한가를 파악하는 기술성 분석, 계획사업을 위해 필요한 자금은 얼마이며 어떻게 조달할 것인가를 파악하는 소요자금 크기 및 조달 가능성 분석, 계획사업의 수익성은 어떠한가를 파악하는 재무적 타당성 분석, 사회공익에 계획사업이 어느 정도 기여하는가를 파악하는 공익성 분석으로 구성된다. 아무리 사업 아이디어가 우수하여도 예상수익 발생 시까지 너무 많은 기간이 소요된다면 사업 타당성이 있다고 볼 수 없다. 시장 상황과 경쟁상황, 고객 상황을 분석하는데 시장조사 방법은 설문 조사나 인터뷰, 관찰 및 사례조사 등 다양하다.

〈3〉 사업 계획수립 : 사업계획서 작성

사업성 분석을 통해 최종적으로 업종 선정이 끝난 후에는 구체적으로 사업계획서를 작성해야 한다. 계획사업의 개념과 구체적인 실행계획을 담고 있는 사업계획서는 사업의 추진 방향과 성공 여부를 결정하는 매우 중요한 문서이다. 여기에는 업종과 제품, 시장현황에 대한 조사 및 분석 결과를 토대로 마케팅 계획, 운영계획, 자금 및 수지계획 등이 포함된다. 이 중에서도 가장 중요한 부분은 시장에서 성공을 거두기 위해서는 효과적인 마케팅 전략을 수립하는 것이다. 우선 마케팅 목표를 설정하고 제품, 가격, 유통, 홍보 등 다양한 마케팅 수단을 활용해서 경쟁우위를 확보하지 않으면 안 된다.

〈4〉 입지선정 : 상권조사 · 입지선정 · 점포계약 · 시설공사

사업의 주목적은 최고의 매출과 이익을 올리는 것이다. 점포를 둘러싼 환경을 이해하고 대응책을 마련하는 일은 사업에서 대단히 중요하다. 자라 온 환경을 알면 그 사람을 이해할 수 있듯이 해당 상권의 발전사, 특성, 현황 등을 이해하면 사업 가능성이 보이게 된다. 개점 입지선정은 상권을 분석한 후 주력 메뉴를 판매하기에 적합한 장소를 선택해야 한다. 선택한 업종 또는 아이템이 잘 판매될 수 있는 장소를 정해야 한다. 메뉴를 구매하게 될 예상 고객수가 적정해야 하며, 잠재고객을 파악하기 위해서 시간대별 통행인구 수, 배후지역의 인구수, 라이프사이클, 연령, 소득수준을 조사해야 한다. 시간대별 통행인구와 배후지역의 인구수는 점포의 매출을 결정짓는 중요한 요소가 된다.

상권분석 후 입지를 선정하고 점포를 계약하였으면 시설공사에 들어가게 된다. 점포 인테리어는 가장 중요한 고객유인수단의 하나이다. 인테리어가 어떻게 하느냐에 따라 제품의 구입 여부가 결정되는 경우도 많다. 따라서 창업자는 인테리어를 인테리어 업자에게만 맡겨놓지 말고 조명과 색상, 디자인 등에 세심한 신경을 써야 한다.

〈5〉 자금 마련 : 사업규모 및 기업형태 결정.자금조달.수지계획

사업 규모는 창업자 자신의 경영능력, 자금조달능력, 기술력 등을 고려하여 충분히 감당할 수 있는 규모이어야 한다. 특히 창업자금 조달 능력을 기준으로 자금 조달 규모가 결정되고, 이 자금조달 규모가 결국은 사업 규모를 결정하는 핵심요소로 귀착됨을 알 수 있다. 아무리 좋은 아이템이라 할지라도 사업에 필요한 자금을 조달할 능력이 없다면 사업을 수행할 수 없으며 설혹 무리하게 창업을 시도할 경우에도 곧 도산할 수밖에 없기 때문이다. 따라서 현명한 창업자라면 사업규모를 자기자금 조달능력을 고려하여 사업의 규모를 결정하고, 유리한 기업형태를 선택하여야 할 것이다. 창업자가 업종을 선택하고 사업계획을 수립하고 나면 사업계획을 수행할 기업을 설립하고 사업자등록을 하여야 한다.

〈6〉 개업 준비 : 제품준비 · 종사원의 채용과 훈련 · 행정절차

고객들을 확보하기 위해서 특화된 상품 품질 및 가격, 디자인 등 어느 한 측면에서 경쟁력 있게 제공하는 것이 창업 성공의 필수적 요건이다. 차별화된 제품을 개발하여 주력 상품화할 필요가 있다. 틈새시장을 개척하고, 종사원 교육에 투자하며, 벤치마킹을 통해 경쟁업체와 고객의 트렌드를 분석하여 유행이나 고객을 따라가지 말고 리드하는 전략을 수립할 수 있어야 한다. 차별화된 특성을 강조함으로써 고객에게 새로운 제품과 서비스를 제공하는 기업이 되어야 한다.

개업 준비 단계에서는 판매할 제품을 준비하고, 종사원을 채용하고 훈련하는 일이 가장 중요하다. 홍보·판촉물 제작, 홍보활동, 오픈식 준비 및 리허설, 영업허가나 신고 등 행정절차를 밟아야 한다. 제과점업으로 고객에게 판매하는 경우 식품위생이나 시설에 관한 여러 규제가 따르며 관할 구청 위생과가 주무 부서이다. 허가를 받기 위해서는 위생 교육필증, 보건증, 소방 방화시설완비증명서(지하 20평 이상인 경우에만 해당), 신원조회 의뢰서, 영업설비 개요 및 평면도 작성 등을 관할구청(위생과)에 영업허가 신청서를 작성해 함께 제출해야 한다. 또한 시설에 관한 규제는 정화조 시설, 환기시설, 방충망시설, 주방시설, 급수 시설, 폐기물용기, 조명시설 등이 있다.

〈7〉 오픈 : 오픈행사 · 마케팅

오픈식은 창업 준비가 끝나고 사업을 시작한다는 신고식이다. 그러나 최근에는 단순히 개막행사 자체로 그치지 않고 이벤트를 통해 마케팅 효과를 최대한 높이는 중요 행사이다. 일기예보를 참고하여 가장 화창한 날씨가 되는 시기를 선정하고, 요일에 각별한 주의를 기울여야 한다. 업종에 따라 휴일이 좋은 업종이 있고 평일이 좋은 업종이 있지만 일반적으로 수요일에서 금요일 사이가 이벤트 효과가 가장 크다고 말한다. 분위기를 돋울 수 있는 장식, 음악, 사람 등의 방법 모두 사용하고, 이벤트 전문회사의 도움을 받는 것이 체계적이고 효과적이다. 실내행사보다 실외행사가 더 요란하고 이목을 집중시키기에 효과적이다. 또한 음향을 최대한 활용하여 존재를 알리고 분위기를 고조시켜야 한다. 시선을 끌 수 있는 소재를 통해 이목을 집중시키고 행사 분위기에 휩쓸리도록 유도해야 한다. 개업선물이나 경품을 준비할 경우 고객들의 관심을 불러일으킬 수 있는 품목, 행사 후에도 장기간 활용할 수 있는 품목을 선정하도록 한다.

제3절

창업 체크리스트

보통 창업 절차는 창업 준비, 업종선정, 사업계획 수립, 입지선정, 자금 마련, 개업 준비, 오픈 등 크게 7단계로 나눠볼 수 있다.

〈1〉 사업결정

① 사업을 시작하는 이유와 목적이 합당한가?

② 창업 초기에 발생하는 위험과 불확실성을 감수할 수 있는가?

③ 현재의 평균수입과 창업 후 예상되는 월 평균 당기순수익을 추정해 본다.

④ 창업하려는 업종이나 유사업종에서의 경험과 노하우가 있어야 한다.

⑤ 창업에 필요한 상담 교육을 받고 관련 정보를 충분히 탐독한다.

〈2〉 시장예측

① 장기변동 사이클에 입각한 소비자들의 특징을 검토한다.

② 잠재적인 시장 규모와 영업 형태를 분석한다

③ 예상 경쟁업체와의 경쟁에서 이길 수 있는 창업 아이템인가? 경쟁우위 전략은 무엇인가?

④ 관련분야 전문가와 충분한 협의를 해야 한다.

〈3〉 조직구성

① 개인회사로 할 경우와 법인으로 할 경우의 장·단점을 검토한다.

② 창업에 필요한 종사원의 수와 급여 정도를 추정한다.

③ 신용이 확실한 사람, 회사가 곤란에 처했을 때 쉽게 그만두지 않을 사람을 선별해야 한다.

〈4〉 재무분석

① 자기자본과 타인자본의 투자비율이 7대 3을 유지해야 한다.

② 창업자의 재무계획은 반드시 관련분야 전문가와 상의해야 한다.

③ 창업 후 2년 정도의 현금흐름 분석을 해본다.

④ 총투자규모 대비 20% 정도의 예비비를 확보해야 한다.

⑤ 창업 및 경영에 필요한 자금은 항목별로 분류되어 있어야 한다.

〈5〉 광고 및 홍보

① 적은 예산으로 최대한의 효과를 낼 수 있는 방법은 무엇인가?

② 광고와 관련된 각종 통계자료를 입수해 매체의 종류와 타당성을 검토한다.

③ 잠재고객이나 수요자의 요구, 소비 정도를 계절별 시간별로 분류해 본다.

④ 경쟁업체의 광고나 홍보활동보다 참신한 방법을 구사해야 한다.

〈6〉기존 사업체를 인수할 경우

① 기존 사업주가 인계하려는 사유를 납득할 수 있어야 한다.

② 재고와 부채의 정도를 직접 확인해야 한다.

③ 기존 사업체에 대한 감정평가를 전문기관에 의뢰해야 한다.

④ 관련 업종이나 유사 사업체를 비교해 본다.

⑤ 인수 가격과 신규 사업체를 창업했을 때의 가격을 비교해 본다.

⑥ 세금과 관련해서 인수하는 데 소유권을 발휘할 수 있어야 한다.

〈7〉프랜차이즈 사업의 경우

① 대리점 사업과 독립 자영업과의 차이점을 인식해야 한다.

② 본사를 선정할 때 여러 업체를 비교 · 평가해야 한다.

③ 영업 중인 기존 대리점을 방문해서 장단점을 조사해 본다.

④ 본사의 경영구조나 계약조건에 문제점은 없는지 확인한다.

참고문헌

- 한국의 빵 · 과자 문화사, 대한제과협회, 조승환
- 월간파티시에, 비앤씨월드, 장상원
- 외식경영학 교문사, 한경수외
- 베이커리경영론, 백산출판사, 윤대순.김현심
- 베이커리경영론, 형설출판사, 신길만
- 외식관리, 한올출판사, 이재진외
- 주방관리론, 지구문화사, 이재진외
- 경영학 개론, 다산출판사, 한의영
- 경영학원론, 박영사, 반병길
- 현대경영학 원론, 대학교육문화원, 김남근외
- 경영학원론, 두남출판사, 황복주외
- 서비스운영관리, 형설출판사, 원석희
- 식품유통년감, 식품저널 2018
- NCS학습모듈 베이커리경영2019, 교육부

베이커리 新경영론

초판 2쇄	2024년 2월 15일

저　　자	이재진 · 윤성준
발 행 인	장상원
발 행 처	(주)비앤씨월드
출판등록	1994. 1. 21. 제16-818호
주　　소	서울특별시 강남구 선릉로 132길 3-6 서원빌딩 3층
전　　화	(02)547-5233
F A X	(02)549-5235

I S B N	979-11-86519-36-3 13320

이 도서의 국립중앙도서관 출판예정도서목록(CIP)은 서지정보유통지원시스템 홈페이지(http://seoji.nl.go.kr)와
국가자료종합목록 구축시스템(http://kolis-net.nl.go.kr)에서 이용하실 수 있습니다.
(CIP제어번호 : CIP2020033298)